INVENTAIRE
V 4528

LA MUSIQUE

AU

VILLAGE

HISTOIRE ANECDOTIQUE DE LA MÉTHODE

GALIN-PARIS-CHEVÉ

PAR

SOPHRONYME LOUDIER

Avec une Préface de J. THYS

ET UN PORTRAIT D'ÉMILE CHEVÉ

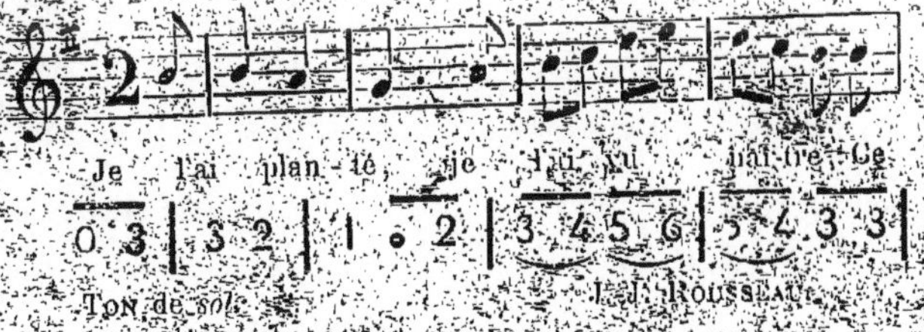

PARIS

LIBRAIRIE DE L'ÉCHO DE LA SORBONNE

7, RUE GUÉNÉGAUD, 7

DÉPÔT LÉGAL.
Seine-et-Marne
N° 111
1879

V

45281

ÉMILE CHEVÉ

LA MUSIQUE

AU VILLAGE

HISTOIRE ANECDOTIQUE DE LA MÉTHODE

GALIN-PARIS-CHEVÉ

PAR

SOPHRONYME LOUDIER

Avec une Préface de **A. THYS**

ET UN PORTRAIT D'ÉMILE CHEVÉ

PARIS

LIBRAIRIE DE L'ÉCHO DE LA SORBONNE

7, RUE GUÉNÉGAUD, 7

BIBLIOTHÈQUE NATIONALE R. F. IMPRIMÉS

AVANT-PROPOS

A M. Amand Chevé, chef de l'école Galin-Paris-Chevé.

Monsieur,

J'assistais, il y a quelques années, à un des cours que faisait à l'École de médecine votre illustre père.

La leçon terminée, nous causâmes un instant, comme cela avait lieu quelquefois.

— Eh bien, lui dis-je, après tant de travaux, après tant d'efforts, vous triomphez enfin : La Méthode pour laquelle vous avez tout sacrifié est officielle dans l'armée; vous la professez dans les plus hautes écoles de l'État, elle est adoptée pour les classes primaires en Suisse et en Russie; on l'enseigne en Amérique et même à Chang-Haï, que voulez-vous de plus?

— Qu'elle soit répandue en France, repartit aussitôt Émile Chevé; je voudrais que le plus humble village la connût. Mais, pour atteindre ce résultat, il faudrait faire un livre qui joignît au bon marché, la forme populaire, et racontât à l'enfant des écoles, à l'ouvrier et même à l'homme instruit, ce que nous sommes, et le but si moralisateur que nous poursuivons; un ouvrage qui traitât de la méthode,

non au point de vue technique, mais anecdotique,
afin que chacun pût s'instruire en s'amusant : et
cet ouvrage il m'est impossible de l'entreprendre ;
mes cours, si nombreux, absorbent mes journées,
une partie de mes nuits est consacrée à la polé-
mique ; qui fera jamais ce livre?...

— Moi, répondis-je?

— Vous?

— Je vous l'affirme.

Aujourd'hui, Monsieur, je m'acquitte de ma promesse.

Émile Chevé n'étant plus, permettez-moi de vous
dédier ce volume, à vous qui, actuellement, repré-
sentez l'École et lui avez fait faire un pas immense
en avant, en luttant si vaillamment, et surtout avec
tant de succès, dans les concours de ces dernières
années.

Grâce à votre esprit de conciliation, les haines
s'éteignent, les rivalités s'effacent, et, après trente
ans d'efforts, l'idée, conçue par Jean-Jacques Rousseau, et développée par trois esprit d'élite : *Galin*,
Paris et *Chevé*, commence à apparaître à tous ce
qu'elle est réellement, c'est-à-dire une œuvre émi-
nemment morale et civilisatrice.

J'apporte ma modeste pierre à l'édifice, puisse-
t-elle être de quelque utilité à son achèvement.

J'ai l'honneur d'être, Monsieur, votre tout dévoué,

SOPHRONYME LOUDIER.

PRÉFACE

Raconter les difficultés et les oppositions
violentes qu'a rencontrées jusqu'à présent, et
que rencontre encore aujourd'hui, les réformes
proposées par MM. Pierre Galin, Aimé Paris et
Émile Chevé, pour l'enseignement élémentaire
de la musique, n'était pas chose facile. M. Sophronyme Loudier, cependant, me semble avoir
mené cette affaire à bonne fin, dans le livre
qu'il offre au public, sous le titre de : *La Musique au village*.

Tous les combats soutenus par ces hommes
de cœur et d'intelligence y sont présentés avec
esprit et talent. — Vraiment, quand la lumière
sera entièrement faite, quand la méthode dite :
Galin-Paris-Chevé, sera généralement adoptée
(et elle le sera incontestablement), on sera bien
étonné de la résistance apportée par des musiciens, de mérite incontestable, à des moyens
aussi ingénieux, aussi simples et aussi utiles
que ceux proposés par les fondateurs de l'école
nouvelle. Et, chose plus étrange encore, c'est
que la *résistance* ne vient que de l'ignorance de
ceux qui la font. Ils blâment et ne connaissent
aucun des procédés qu'ils condamnent!... S'ils
les connaissaient, ils les adopteraient, ces
moyens, avec la même chaleur qu'ils mettent
à les repousser. Ce qui les anime le plus, c'est
l'idée préconçue que cette école change l'écriture *notée* par l'écriture *chiffrée*, ce qui est une
erreur.

Les élèves de cette école ont une écriture
qu'ils préfèrent; mais ils n'ignorent rien de
l'écriture usuelle; ils ont même, pour en apprendre les procédés, des moyens infiniment
plus ingénieux que ceux de l'ancienne école,

qui en manque entièrement. Ils lisent sur toutes les clés, avec une très-grande facilité, chose que peu de musiciens de profession soient capables de faire. On dit qu'ils ne chantent qu'en UT. C'est également une erreur : l'ancienne école chante UT dans tous les tons ; la nouvelle chante tous les tons en UT, ou, autrement dit, *dans la langue d'ut*, ce qui est simplement un inverse. Mais ce qui fait surtout la supériorité de la nouvelle école sur sa devancière, c'est la *langue* dite *des durées*, imaginée par M. Aimé-Paris, moyen extrêmement ingénieux et entièrement ignoré des musiciens actuels. Cette ressource rhythmique, objet de tant de plaisanteries de la part de ceux qui s'en égaient sans la connaître, ni sans en avoir expérimenté l'efficacité, est un métronome vocal qui, combiné des voyelles A-E pour le binaire, et des voyelles A-E-I pour le ternaire, compte avec une rigidité mathématique les 64 fractions binaires, ainsi que les 96 fractions ternaires de l'*entier* de durée appelé RONDE, opération que les appellations numérales : *un, deux, trois, quatre*, sont impuissantes à faire réussir avant des années de travail, tandis que l'école *Galin-Paris-Chevé* obtient, même des oreilles les plus rebelles, les résultats les plus complets, au bout de moins de trois mois d'exercices.

Cete méthode a également des appellations particulières pour le *son naturel*, le *dièse*, le *double dièse*, le *bémol* et le *double bémol*, ce qui fait que jamais il n'y a de doute dans l'intonation. Toutes ces choses SONT PARFAITEMENT APPLICABLES A LA MUSIQUE USUELLE, soit vocale, soit instrumentale ; bien qu'elles ne soient proposées par leurs auteurs, que pour l'éducation des masses populaires, qui peuvent ainsi, en moins de six mois, chanter les partitions de DON JUAN ou des HUGUENOTS ; écrire sous la dictée, *sur toutes les clés*, et, dans toutes les armures, n'importe quel genre de mélodies qu'on leur vocalise.

Voilà les résultats qu'obtiennent, sans le secours d'aucun instrument, sans dépenses aucunes, sans autre travail que la leçon du professeur, les élèves d'un système, condamné par la plupart des musiciens. Il me semble que, pour une « mauvaise école », ce n'est pas trop mal s'en tirer.

Quant au *chiffre*, tant honni, c'est un signe

excellent qui répond à tous les besoins, et qui est appelé à rendre les plus grands services aux musiciens compositeurs : le chiffre est la sténographie de l'écriture musicale dans l'école ; il n'est pas, comme on l'a cru à tort, la méthode, mais seulement un incident.

Enfin, si j'affirme, ce n'est point de ma part une envie de me singulariser ; j'affirme, parce que : J'AI VU, et les autres nient, simplement parce que : ILS N'ONT PAS VU.

A. THYS.

LA
MUSIQUE AU VILLAGE

LETTRES D'UN PAYSAN

I

En terminant ma dernière lettre, je te disais :
« Quand tu viendras aux vacances prochaines, ton
« arrivée chez moi sera saluée par de joyeuses fan-
« fares ; les chœurs, et les cœurs surtout, ne te fe-
« ront pas défaut. »

Là-dessus tu m'écris : « Quant aux cœurs, j'en
« suis sûr à l'avance ; mais les *chœurs* et la *fanfare*,
« où les trouveras-tu ? »

— Parbleu, chez moi, te répondrai-je ; car j'ai l'un
et l'autre depuis un an, et je puis t'assurer que mes
ouvriers ne s'en trouvent pas plus mal.

Certes, la chose ne s'est pas faite du jour au lendemain ; c'était toute une affaire, et elle a été fort laborieuse ; encouragé par celui-ci, blâmé par celui-là, j'ai vu l'instant où la commune allait faire des barricades et commencer bel et bien une petite révolution. — Tiens, cette histoire est si drôle, que je te demande la permission de te la raconter.

Tu connaîtras bientôt notre gentil village, avec ses maisons si coquettes, son clocher élancé et sa route départementale qui le traverse dans toute sa longueur. Sa population est des plus actives : une partie les trois travaille aux champs, l'autre est disséminée dans usines établies dans la vallée. Je compte cent vingt ouvriers dans la mienne, et, si la plupart n'avaient parfois une dévotion trop grande pour ce dieu que les anciens nous représentent constamment en goguette et couronné de pampres verts, *la Feuillaye* se rait un coin du Paradis. Mais Bacchus a des adorateurs ici ; les ménagères le savent bien, va, et n'en sont pas plus heureuses !

Il y a un an, les métiers étaient délaissés le lundi ; les cabarets, au contraire, restaient pleins jusqu'à une heure très-avancée de la soirée. La gêne était arrivée ; la misère allait prendre droit de cité dans la commune, et, à tout prix, il fallait lui barrer sa route ; mais comment ?...

Je t'avoue, mon cher Paul, que ce désordre commençait à m'inquiéter. J'aime mes ouvriers, je les considère comme des amis, et je voyais approcher l'instant où j'allais être forcé de sévir.

Mes recommandations et mes conseils n'étant plus écoutés, je pris la résolution de frapper un grand coup.

Un mardi matin, à l'heure du déjeuner, je fis rassembler mon personnel et je lui parlais ainsi :

— Messieurs, hier, les deux tiers d'entre vous n'ont pas travaillé ; cet état de choses ne peut durer longtemps ; je vous préviens que les amateurs du lundi ne trouveront à l'avenir aucune grâce devant moi ; tenez-vous pour bien avertis.

Le lundi suivant, un seul ouvrier manquait à l'appel le lendemain, je le fis venir dans mon cabinet.

— Denis, lui dis-je, à partir de ce moment vous n'êtes plus attaché à mon établissement. Passez à la caisse, faites régler votre compte et partez.

— Quoi, monsieur... pour un lundi ?...

— Oui, Denis, pour un lundi passé au cabaret au lieu de travailler, comme un père de famille doit le faire, je vous renvoie ; il faut un exemple, et je regrette que ce soit vous qui m'en serviez.

— Croyez-vous, monsieur, que ce soit pour le plaisir de boire que nous allons passer l'après-midi chez Mathieu ?

— Quelle raison avez-vous alors d'y perdre votre temps.

— C'est pour entendre chanter ; depuis un mois Mathieu fait venir des artistes de la ville voisine, et dame ! nous en entendons si rarement ici ; et puis, lancés, mille difficultés jusque-là inaperçues se desvoyez-vous, j'aime la musique, moi, et bien des camarades sont dans le même cas. Nous n'avons aucune distraction à la Feuillaye ; dormir, manger, travailler, voilà notre lot, à nous autres; c'est triste !... Aussi, quand on peut passer quelques instants meilleurs, on en profite !

Ces quelques mots, dits simplement par Denis, furent pour moi toute une révélation.

— Allons, repris-je aussitôt, retournez au travail ; mais que cela ne vous arrive plus.

« Ils aiment la musique, » répétai-je cent fois peut-être dans cette journée ;... « manger, dormir, travailler, c'est triste... » — Oui, en effet, ce doit être bien triste ; Denis a raison !... « Quand on peut passer quelques instants meilleurs, on en profite...» — Cette conversation me revenait sans cesse à la mémoire. Que faire pour combattre le mal ?

Eurêka!.. m'écriai-je, en m'éveillant le lendemain : j'ai trouvé! Et c'était tout simple! Fou que j'étais de n'y avoir pas songé plus tôt. Ils aiment la musique? Eh! bien, je la leur ferai apprendre. Je fonderai une école de chant, un orphéon. J'achèterai des instruments; l'établissement aura sa fanfare, les cours se feront deux fois par semaine, le soir, les lundis surtout; et le cabaret sera vite oublié !

Je passai plusieurs jours à mûrir ce projet. L'idée me paraissait bonne, profondément morale, et je me sentais plein d'ardeur pour la mener à bonne fin. Puis, un instant après, je voyais naître des défail-

sinaient devant mes yeux et paralysaient mes efforts.

C'est fort beau de connaître la musique, me disais-je, c'est un art divin tant qu'on voudra ; mais, pour atteindre ce résultat, les études sont si longues et si arides que ces pauvres gens s'en dégoûteront peut-être avant d'avoir rien appris. Moi, qui ne suis pas plus sot que bien d'autres, j'ai reçu pendant mes années de collége un nombre incroyable de leçons de solfége, et je t'avoue, mon cher ami, que, s'il me fallait à l'heure présente débrouiller le plus simple morceau à première vue, j'en serais incapable ; si tu en connais beaucoup qui soient plus favorisés sous ce rapport, dis-leur qu'ils me jettent la pierre !...

Toutes ces réflexions, véritables courants contradictoires, ne laissaient pas que de me préoccuper vivement ; je commençais à comprendre que faire le bien n'est pas toujours d'une facilité élémentaire.

Un soir, je rencontrai notre instituteur.

— Marcel, lui dis-je, vous vous trouvez à point pour me tirer d'embarras ; j'ai l'intention de faire apprendre la musique à mes ouvriers ; trouvez-vous l'idée utile ?

— Excellente, Monsieur, vous les sauverez peut-être de la misère.

— Seulement, les moyens d'atteindre ce but me paraissent extrêmement difficiles.

— Ils le sont en effet.

— Ne trouvez-vous pas que l'étude des doubles et triples croches n'ait rien de bien récréatif pour des hommes courbés du matin au soir sur un métier ?

— C'est mon avis.

— Eh bien ?

— Eh ! bien, supprimez les difficultés.

— Je crains qu'après un ou deux mois de gammes montées et descendues, mes ouvriers ne laissent un beau jour le professeur seul devant son tableau ?

— C'est fort probable.

— Mais alors ?

— Alors, laissez la Méthode usuelle aux gens qui ont du temps à perdre, et prenez-en une plus facile, plus expéditive, et qui vous donne le même résultat. Au lieu de la méthode *sur la portée*, prenez celle de *Galin-Paris-Chevé*, la Méthode en chiffres, si vous aimez mieux.

— Jamais !

— Bah ! tant d'autres ont répété ce mot et sont arrivés à cet enseignement...

— Jamais, vous dis-je.

— Eh bien ! soit, n'en parlons plus.

— Au contraire ; tenez, Marcel, vous êtes insupportable avec vos phrases écourtées ; je vous demande un avis, et c'est à peine si vous me répondez. Quant à votre Méthode en chiffres, je n'en veux pas, entendez-vous.

— J'entends bien.

— D'ailleurs, je ne l'admets pas!...

— Pourquoi?...

A ce pourquoi, lancé en pleine face, je t'avoue, mon vieil ami, que je restai assez embarrassé.

Pourquoi? — réponds donc, me criai-je intérieurement; et après un effort inouï d'imagination :

Mais... repris-je, parce que mon voisin, M. Richer, ne l'aime pas.

Marcel partit d'un formidable éclat de rire.

II

Cette hilarité me déplut.

Certes, je n'eus pas à faire un grand effort d'imagination pour m'apercevoir que ma réponse ne valait rien, mais j'aurais voulu que Marcel la laissât passer sans la souligner.

Cette pauvre humanité sera toujours la même, mon cher Paul; dans toutes les circonstances, l'homme s'agite.... et l'orgueil le conduit!

M. Richer est le nouveau propriétaire de l'usine des Deux-Moulins qui avoisine la mienne. Instruit, homme du monde et possesseur d'une jolie fortune que la mort d'une parente vient d'augmenter encore, son arrivée dans le pays a fait quelque peu sensation.

D'un commerce agréable, et reconnaissant en lui de sérieuses qualités unies à une grande droiture de caractère, nos relations sont devenues bientôt ce qu'elles devaient être, c'est-à-dire plus intimes que celles qui s'établissent ordinairement entre concurrents.

Un jour que j'avais je ne sais quel renseignement à lui demander, je l'attendais dans son cabinet, parcourant un journal que j'avais trouvé sur son bureau; l'*Opinion nationale*, je crois.

— Eh bien, profond politique, me dit-il en entrant, le Rhin porte-t-il toujours ses eaux vers la mer du Nord?

— Je lisais la Chronique musicale.

— Et elle roule cette bonne chronique?

— Sur une méthode nouvelle qui s'affirme par de nombreux succès, et dont l'auteur de l'article dit beaucoup de bien.

— Ah! le chiffre probablement?

— C'est cela.

Un sourire dédaigneux erra sur les lèvres de M. Richer, et après une minute de silence :

— Quand donc, s'écria-t-il, serons-nous délivrés des utopistes!

Plusieurs fois depuis lors, le hasard ramena la conversation sur ce sujet; une fois entre autres à l'occasion d'un concours musical qui venait d'avoir lieu dans une des principales villes de notre département.

Je fis remarquer à mon estimable voisin que l'École *Galin-Paris-Chevé*, qu'il traitait si cavalièrement, avait obtenu à ce concours les prix de *lecture à vue*, toujours si enviés des Sociétés chorales; mais, pour toute réponse, il se contenta de me regarder en faisant un mouvement d'épaules très-significatif, et je le quittai convaincu que la musique, représentée par des chiffres, n'était, comme il le disait lui-même, qu'une utopie.

Tu comprends, maintenant, pourquoi je venais de me servir du nom de M. Richer comme d'un bouclier, dans ma discussion avec Marcel.

Ce dernier, qui habite La Feuillaye depuis un an, en a trente à peine. Je me suis assuré qu'il avait une instruction solide et variée, plus complète même qu'on ne l'exige habituellement des instituteurs de nos campagnes. C'est un beau garçon, et plusieurs fermières des environs sont de mon avis; il est vrai qu'elles ont des filles à marier...

Les enfants de nos ouvriers fréquentent son école, et Marcel a su non-seulement se faire respecter des marmots, mais encore gagner la confiance et l'estime des parents. Il est aimé de tout le monde ici; pour ma part, je t'avoue que je le vois toujours avec plaisir.

Revenons à notre conversation.

— Vous trouvez donc mes paroles bien risibles? repris-je d'un air à moitié fâché.

— Je trouve, monsieur, repartit Marcel, qu'en

musique la foi ne suffit pas, et qu'il est toujours bon de se rendre compte par soi-même de la valeur de la chose traitée. M. Richer ne veut pas de méthode chiffrée, dites-vous, il ne peut en entendre parler, il l'exècre même, c'est son droit ; mais moi, discutant avec lui, j'aurais également le droit de lui demander, comme je viens de le faire à vous-même : Pourquoi ? — Tenez, je suis persuadé qu'il ne la connaît pas.

— Allons donc ! il a chez lui plusieurs morceaux traduits d'après cette langue.

— Je ne serais pas fâché de m'en assurer.

— C'est facile ; voulez-vous lui faire une visite ?

— J'accepte.

— Demain vous convient-il ?

— Parfaitement ; le dimanche, vous le savez, est notre jour de repos, à nous autres Terre-neuve de l'A, B, C, D.

— A demain donc ; soyez chez moi à quatre heures.

— A la sortie de vêpres.

— Soit.

En regagnant La Feuillaye, je repassai dans ma mémoire cette conversation.

Je suis, tu le sais, une de ces natures normandes que la contradiction relève au lieu d'abattre, et qui, soit par raison, soit par entêtement, poursuivent une idée jusqu'au bout.

Une heure auparavant, fonder un orphéon n'était pour moi qu'un passe-temps auquel je n'attachais qu'une importance secondaire ; depuis que j'avais quitté Marcel, c'était une idée fixe, un fait non encore accompli, mais qui, fatalement, devait l'être, n'importe à quel prix.

Si aucun obstacle ne se fût dressé devant moi, ce projet aurait sans doute subi le sort de tant d'autres : il fût, comme on dit vulgairement, tombé à l'eau ; mais à peine formé, les difficultés surgissaient déjà sur ses résultats futurs, j'entrevoyais une lutte, opiniâtre peut-être, et, tu te le rappelles, mon vieil ami, je n'ai jamais reculé en face du danger.

Marcel, me disais-je, ne serait pas fâché de m'imposer sa méthode ; mais, avant de me jeter en aveugle dans ces nouveautés, que je ne connais pas, je pense qu'il faut y regarder à deux fois.

L'ancienne est difficile, je le sais comme lui ; ses études sont longues, à qui le dit-il ; moi qui, après huit années de leçons, ne sais presque rien, je reconnais même qu'elle est extrêmement ardue, et que c'est une des causes de son peu de popularité.

D'après lui, *le chiffre* serait plus expéditif, plus facile, et donnerait les mêmes résultats. Voilà bien tous les novateurs : ce qui vient des autres ne vaut pas qu'on le nomme, ce qu'ils nous offrent est beau ; que dis-je, beau : superbe, magnifique, sublime !

Puis, en admettant que cette méthode soit vraiment un progrès, qui l'enseignera à La Feuillaye ? Où sont les professeurs ? — Elle est loin, m'a-t-on dit, d'être vue d'un œil favorable par le Conserva-

toire, cette pépinière d'artistes, de professeurs et de
savants. Il est vrai que l'Académie des sciences, une
autre pépinière de savants, prétendit un jour que la
vapeur appliquée à la navigation était impossible, et
nous voyons aujourd'hui toutes les marines du monde
se servir de la vapeur !... — L'orgueil, toujours l'orgueil qui nous ferme la bouche quand la vérité nous
force de parler; l'orgueil, ce dieu de la sottise
qui nous empêche d'avouer un tort et de reconnaître
une erreur. Va, Boileau avait bien raison, et aujour-
d'hui comme de son temps :

« Le plus sot animal, à mon avis, c'est l'homme !.»

quand il se laisse dominer par cette divinité idiote.

Dans la soirée, M. Richer, qui revenait de la
chasse, s'est arrêté quelques instants chez moi.

— Pardieu ! lui ai-je dit, vous arrivez à merveille.

— Vraiment ?

— Je voulais vous annoncer ma visite pour demain.

— Moi, je viens vous inviter à dîner.

— Marcel doit m'accompagner...

— Il sera le bienvenu.

— ... Et notre visite a un but.

— Lequel ?

— Mon cher Richer, il s'agit d'une discussion tout
amicale, bien entendu, à laquelle votre nom se trouve

mêlé, et nous voulons, Marcel et moi, terminer ou continuer les hostilités en votre présence.

— Le sujet?

— La musique, ou plutôt les différentes méthodes qui servent à l'exprimer.

— Ah! très-bien; il s'agit du chiffre, n'est-ce pas?

— Marcel s'en fait l'apôtre...

— J'entends. Demain, je compte donc sur vous, non pour discuter, nous avons bien le temps, ma foi, mais pour prendre part à la petite fête que je donne à mon personnel.

— Une fête?

— La mienne. N'était-ce pas hier le vingt-cinq août? Mes ouvriers n'ont eu garde d'oublier cette date, et saint Louis, mon patron, qui fut un grand roi et un grand saint, sera dignement honoré aux Deux-Moulins. En échange du bouquet traditionnel, j'ai invité tous mes employés et quelques amis; vous êtes du nombre. Si le temps est beau, nous dînerons dehors, sur la pelouse. — A quatre heures et demie : grande décharge de mousqueterie annonçant la fête ; à cinq heures : le dîner. Voilà un programme superbe, ou je ne m'y connais plus. Adieu, nous attaquons le potage à cinq heures, et rappelez-vous que, comme Louis XIV, je ne crains rien tant que d'attendre.

Après m'avoir serré la main, M. Richer reprit le chemin des Deux-Moulins.

III

Le lendemain arriva.

C'était une de ces magnifiques journées que, sur son déclin, l'été nous réserve chaque année, afin que nous regrettions davantage sans doute, quand les premiers froids vont venir, la plus riche des saisons, qui est en même temps la plus joyeuse.

Les moissons étaient rentrées ; les champs se reposaient en attendant la semence nouvelle ; le soleil envoyait à la terre, sa vieille amie, ses baisers les plus brûlants ; la pureté du ciel enveloppait la vallée comme d'un nimbe d'azur.

Dans les grands herbages qui se déroulent sans aucune interruption à la gauche de cette route, si pittoresque et toujours si fréquentée, qui relie Orbec et Lisieux, de gras troupeaux paissaient l'herbe abondante des prairies. Quelques pêcheurs à la ligne — gent fort nombreuse dans la contrée — suivaient avec anxiété le fil provocateur entraîné par le courant rapide de la rivière. Le son d'une cloche argentine appelant les fidèles aux offices, et parfois le bruit d'une détonation, troublaient seuls le calme majestueux des campagnes. Comme Nemrod, les Normands sont de grands chasseurs devant Dieu et devant les hommes!

Vers quatre heures du soir, tout était en mouvement aux Deux-Moulins. Devant la maison et sous l'ombrage des pommiers, chargés à ce moment de ce fruit savoureux si cher aux habitants du pays, et que croqua si prestement notre mère Ève, les ouvriers de l'usine avaient dressé, dès le matin, une de ces tentes gigantesques qui servent tout à la fois de salle à manger, de cellier, de cuisine et de chambre à coucher dans nos *Assemblées* villageoises de la vallée d'Auge.

A l'intérieur, une table d'une longueur immense allait d'un bout à l'autre de la tente. Sur la nappe, en toile fine du pays, les servantes achevaient de dresser le couvert. Les énormes bouquets offerts la veille, et échelonnés sur la table de distance en distance dans de grands vases de porcelaine à filets d'or, donnaient un coup d'œil charmant à l'ensemble de cette salle champêtre très-coquettement décorée.

Tu ne connais pas *de visu* notre belle province, mon cher Paul, à plus forte raison tu n'as aucune idée de ses plantureux festins. Te rappelles-tu ces splendides soupers que Nestor et Agamemnon donnaient aux guerriers du siége de Troie, et que le vieil Homère nous détaille avec tant de complaisance dans son immortelle *Iliade?* En Normandie on festoie aussi largement, et, soit dit en passant, le service se fait mieux.

L'*Angelus* sonnait à la petite église de la Chapelle-Yvon lorsque les premiers convives arrivèrent. Marcel et moi nous les avions devancés de quelques instants. Vingt minutes plus tard, tout le monde était à table.

Quel moment, mon cher ami! C'est à vous faire dresser le peu de cheveux qui vous restent, à vous autres Parisiens, qui avez l'habitude aussi sotte que prétentieuse de ne toucher les mets que du bout des dents.

Dans la vallée d'Auge, la première chose que l'on exige d'un invité, c'est « qu'il fasse honneur au repas, » c'est-à-dire qu'il mange comme quatre et boive à l'avenant. Ce serait faire une grave injure à la maîtresse de la maison que de refuser d'un plat qu'elle vous offre; s'il y en a vingt, tant pis! la civilité — non puérile mais normande — vous oblige d'en passer par là.

A chaque bout de table, un serviteur, armé d'un broc aux cercles d'acier poli, remplit continuellement les verres vides, et les brocs se succèdent sans aucune interruption jusqu'à la fin du dîner!...

Tu vas me demander, sans doute, comment tout ce monde peut manger et boire de la sorte pendant les cinq ou six heures que dure ordinairement un festin normand?

Ma réponse est prête : c'est qu'après chaque service, quelquefois même plus souvent, on fait un trou; et si, barbare que tu es, tu ignores la signification de ce substantif, telle que l'entendent les naturels du pays; la voici, et fais-en ton profit, car *le trou* joue un rôle très-grand dans nos agapes gargantualesques.

Suivant un dicton du crû, l'eau-de-vie « creuse l'estomac, » et par cela même excite l'appétit. Quand les convives ont donc « fait honneur » à un certain nombre de plats et que la mâchoire fatiguée s'arrête un instant, chacun reçoit dans son verre une ration d'eau de-vie de cidre; on trinque à la ronde et l'on boit. Dix minutes après, l'eau-de-vie absorbée étant censée *avoir creusé l'estomac* et activé la digestion, on passe à un nouveau service.

Voilà *le trou.*

Il y a des dîners qui en comptent dix; plus il y en a, plus le repas a chance de rester longtemps dans la mémoire des invités. On en causera le soir à la veillée; on vantera la réception cordiale des hôtes, leur amabilité, la généreuse profusion du repas, l'excellence des mets, que sais-je!... En un mot, ceux qui l'ont offert grandiront de cent coudées dans l'estime publique.

Notre festin fut ce qu'il devait être, c'est-à-dire magnifique d'appétit et d'entrain. Le vieux rire gaulois éclatait de toutes parts : les histoires, les bons mots, les nouvelles, circulaient avec la rapidité de l'étincelle électrique; le cidre en bouteille pétillait dans les verres comme l'aï le plus authentique; les vivats frénétiques en l'honneur du maître de céans retentissaient comme un tonnerre formidable; partout cette joie bruyante et expansive qui se communique si facilement; partout ces marques d'amitié entre tous, et qui devraient durer toujours.

— Une chanson, cria tout à coup un des convives.

Ce mot fut accueilli par mille bravos.

— A M. Richer de commencer, reprit la même voix.

— Oui, oui, répéta le chœur.

Richer, plus ému qu'il ne le voulait paraître de ces témoignages de sympathie qui fondaient sur lui depuis quelques instants comme une véritable avalanche, fit signe qu'il voulait parler.

Aussitôt le silence se rétablit.

— Mes bons amis, dit-il, aujourd'hui, vous le savez bien, je ne puis rien vous refuser; cependant je vous avertis que ma voix tremblera, et ce sera votre faute; vous me rendez si heureux que plus fort que moi en perdrait la tête.

Les vivats redoublèrent!

— Je vais donc chanter, continua mon excellent voisin, puisque vous l'exigez, et ce sera, sans jeu de mots *Sous : un Pommier!*

Et Richer commença aussitôt cette charmante chanson d'Amédée Tissot, un poëte de notre vallée d'Auge, doublé d'un écrivain distingué; chanson dont quelque compositeur de talent s'emparera un jour ou l'autre et qu'il nous rendra sous la forme d'un chœur pour orphéons :

SOUS UN POMMIER

On a souvent chanté la vigne,
Souvent célébré le raisin;
Sans doute à cet honneur insigne
Ils ont droit, puisqu'ils font le vin;
Je trouve bon qu'on les renomme,
Mais je crois, sans les humilier,
Qu'on peut aussi chanter la pomme
　　Et le pommier!

De la vigne on exalte l'âge,
Mais dans le Paradis perdu
Adam ne voit que son feuillage,
Et la pomme est fruit défendu.
Bien avant que Noé se grise,
La pomme s'est fait apprécier :
Eve aussi se trouva surprise
　　Sous un pommier.

Le pommier, c'est de la science
L'arbre fécond et glorieux;

A son ombre, avec patience,
Laplace nous décrit les cieux,
Durville interroge la sphère.
Newton s'éveille, et, le premier,
Surprend un secret à la terre
            Sous un pommier.

Il est un peuple qu'on renomme
Pour son courage et sa fierté,
Qui révère dans une pomme
L'emblème de la liberté ;
C'est la Suisse ! — Sa délivrance
Apprend à l'univers entier
Qu'on trouve aussi l'indépendance
            Sous un pommier.

Qui dit pomme, dit Normandie :
Du pays j'ai le souvenir ;
Pauvre enfant, j'y vins à la vie,
Pauvre vieillard, j'y veux mourir.
De moi, s'il n'a rien à prétendre,
Je veux qu'au moins mon héritier
Ait soin de déposer ma cendre
            Sous un pommier.

A partir de cet instant, mon cher Paul, ce fut un vrai délire. Les bravos, les applaudissements se succédaient avec frénésie. Comment eût-il pu en être autrement ? En chantant la pomme, M. Richer venait de remuer jusqu'au fond du cœur la fibre véritablement nationale des Normands. — Chanter le cidre ?... Mais avec ce simple mot on en ferait des héros !

Pendant dix minutes l'enthousiasme fut indescriptible ; *un ban, un ban*, cria l'assemblée.

Aussitôt toutes les mains s'ouvrirent, et au signal donné, retombèrent en cadence, à trois reprises différentes, les unes sur les autres, imitant le *ban militaire*, que tu as entendu peut-être cent fois à nos tambours de régiment.

En Normandie, *le ban*, pour un chanteur, marque la satisfaction générale poussée à la plus haute puissance.

A minuit on chantait encore.

On avait pris le café, *la consolation, la reconsolation* et *la rincette*, il fallut enfin songer au *coup d'adieu !*

— Et notre discussion ? dis-je à Richer, qui serrait la main à tous ses ouvriers.

— Au diable la discussion ; ce soir je suis tout à mes enfants, à ces braves cœurs que je ne saurais trop remercier.

— Et jeudi ?

— Jeudi, soit ; ma soirée vous sera consacrée, ainsi qu'à Marcel. Adieu mes bons amis, comptez sur moi, je vous attendrai.

La fête était terminée ; les ouvriers s'éloignèrent par bandes joyeuses, Marcel et moi nous regagnâmes notre logis.

IV

— Eh bien, messieurs, nous dit, le jeudi soir,
M. Richer en nous rejoignant, Marcel et moi, dans
son salon, de quoi donc s'agit-il, de musique, je crois?
de cette éternelle pomme de discorde qu'on nomme
l'Harmonie,—par ironie, sans doute! — Avons-nous
la prétention de nous convaincre les uns les autres ;
mourrons-nous, au contraire, dans notre impéni-
tence finale à l'endroit des méthodes? Serons-nous
forcés d'aller soutenir nos opinions sur le terrain,
l'épée à la main? Quant à moi, je vous avoue que ce
genre de discussion ne me tente pas; appelez-moi
Sybarite, si bon vous semble, mais j'aime bien à
vivre, et à bien vivre! Que voulez-vous, la perfection
n'est pas de ce monde! Maintenant vous pouvez
parler, je suis tout oreilles.

— Mon cher ami, répondis-je aussitôt, voici en deux mots le motif de notre différend. Je ne sais s'il en est de votre personnel comme du mien ; mais, depuis quelque temps, je remarque que le lundi mes ouvriers cultivent démesurément la dive bouteille et abandonnent trop facilement leurs métiers. J'ai d'abord menacé de sévir, j'ai été même sur le point de renvoyer cet incorrigible Denis. Cherchez l'excuse qu'il m'a donnée, je vous l'offre en mille? Ils *font le lundi*, parce que Mathieu a ce jour-là des chanteurs, et que la musique les charme.

— Bah !

— Ce sont les paroles mêmes de Denis.

— Voyez-vous, voyez-vous !...

— Ils aiment la musique, me suis-je dit : eh bien, ils l'apprendront ; par la suite je fonderai un orphéon et une fanfare dans mon établissement.

— Très-bien, répliqua Richer, mais pourquoi ne pas fonder l'Orphéon d'abord, et lui faire apprendre la musique ensuite, comme cela se fait partout?

— Parce que ce dernier système est des plus mauvais, reprit Marcel à son tour, parce qu'il n'a donné depuis vingt ans que des résultats déplorables; parce qu'il paralyse une société dès sa naissance au lieu de la pousser en avant; parce qu'il est temps enfin que le bon sens, en musique comme en toutes choses, soit notre guide et notre conseiller.

A cette sortie de Marcel, Richer redressa vivement la tête.

— C'est effectivement de la sorte, continua l'instituteur, sans paraître remarquer ce mouvement, qu'on procède généralement quand une Société chorale se fonde. Un professeur connaît dans son quartier cinq ou six bons garçons ayant quelques notions musicales, je ne dis pas sachant la musique ; il les réunit un soir et leur tient à peu près ce langage :

— Voyons, est-ce que vous n'auriez pas, parmi vos amis, quelques voix sympathiques, fortes, agréables, qui ne demanderaient pas mieux de se réunir à vous ? Si nous étions vingt, quinze seulement, nous viendrions ici une ou deux fois chaque semaine ; on apprendrait des chœurs faciles, et l'on pourrait devenir une société chorale ?

— Mais oui, reprend l'un, je connais un tel qui ferait un bon baryton ; je lui en parlerai.

— Moi, poursuit l'autre, je pourrais peut-être vous procurer deux basses.

— Et moi un soprano, se hâte de dire un troisième.

— Vous remarquerez, messieurs, que personne ne propose de ténor ; il y en aura si on peut mettre la main sur cet oiseau rare, qui fait les délices, mais quelquefois aussi le tourment des Orphéons ; s'il montre le nez, on le happera au passage ; il deviendra l'enfant gâté de la bande ; le Vert-Vert... Qu'est-ce donc que je dis, bon Dieu !... j'allais glisser sur une pente fatale. Comparer des ténors à des perroquets ! Vrai, je ne me le pardonnerai pas !

Voilà donc la Société fondée avec ou sans ténor ; par la suite, elle prendra de l'extension, ou se dispersera au vent des circonstances, peu importe ! mais interrogez cent sociétés contemporaines, et quatre-vingt-dix vous répondront qu'elles n'ont pas eu d'autre début.

— Et vous blâmez ce début, reprit le propriétaire des Deux-Moulins?

— Le début, si modeste qu'il soit : non ; le moyen employé : oui.

Par orphéon, on doit entendre une société d'hommes cultivant spécialement l'art musical, avides de s'instruire, pour traduire plus vite les chefs-d'œuvre de nos grands maîtres et s'initier en quelque sorte à leurs sublimes conceptions ; un certain nombre de jeunes gens, intelligents surtout, avec des goûts plus élevés que tant d'autres, cherchant leurs jouissances non dans la choppe des brasseries, mais dans l'étude du beau, dans la raison pure, et tournant leurs regards vers les grandes œuvres qui surprennent et émeuvent le monde, vers le génie !

Dans l'exemple que je viens de citer, le mot *musique* n'est même pas prononcé. Que demande-t-on ? des voix et rien de plus ! Si la société se forme sur cette base, on lui apprend dans une année trois ou quatre chœurs qu'elle répète jusqu'à satiété ; le festival le plus minuscule a-t-il lieu dans un village perdu de la province, vite on se fait inscrire ; on part casquette galonnée sur l'oreille et bannière au vent.

Devant le jury, on chante les morceaux appris avec la régularité mécanique de l'automate de Vaucanson ; et le soir chacun rentre triomphant... avec une médaille, *un jeton de présence* que la commune où le Festival a eu lieu a généreusement voté à *toutes* les Sociétés ! Les vainqueurs sont fiers de leur victoire : les badauds admirent ; il n'est pas jusqu'au garde-champêtre qui jure que s'il était libre de son temps, il se ferait orphéoniste sur l'heure même !

Si ces voix sont réellement belles, dans un temps donné, vous aurez des chanteurs ; mais des musiciens, de véritables artistes, jamais. Les concours de *lecture à vue* de ces cinq dernières années l'ont assez prouvé.

Voilà donc pourquoi je conseillerai toujours à tout homme sérieux qui voudra fonder une Société chorale, de ne pas suivre les errements du passé, mais d'attaquer, comme on dit vulgairement, le bœuf par les cornes, c'est-à-dire de faire des musiciens d'abord et des chanteurs ensuite.

— Pas une Société ne se soumettra à ces études préparatoires, reprit Richer ; cependant vous conviendrez qu'aujourd'hui même nous en avons de très-bonnes.

— Comme chanteurs, je suis tout à fait de votre avis ; comme musiciens, je proteste. Pas une Société, dites-vous, ne se soumettra à ces études préparatoires ? C'est peu flatteur pour ces Sociétés, laissez-moi croire qu'il y a des exceptions, même parmi celles que vous défendez.

Dans l'École Chevé on agit tout autrement.

Quand un membre sollicite son admission dans une des Sociétés qui se servent du chiffre, il a déjà suivi un cours de solfége pendant au moins six mois. Un conseil, composé de sociétaires sérieux et instruits, lui fait alors subir un examen ; les questions (assez nombreuses pour permettre aux examinateurs de se rendre un compte exact des connaissances du candidat) embrassent une grande partie des règles générales de la théorie musicale. De plus, il y a les exercices au tableau qui ne sont pas sans difficultés ; il y a surtout la *lecture à vue*, cet épouvantail des Orphéons ; et si le postulant ne sort pas de ces diverses épreuves d'une manière satisfaisante, son admission est ajournée.

Nous comptons un certain nombre d'élus, mais nous pourrions présenter au public notre *salon des refusés !* Aussi les Chevistes, comme quelques-uns nous appellent, sont ou deviennent des musiciens, tandis que le plus grand nombre des orphéonistes sont et resteront des chanteurs ; ils reculent avec quelque raison devant les difficultés presque insurmontables que le système usuel présente aux commençants, même les mieux doués, tandis que notre Méthode, à nous, plus simple, plus accessible aux masses, les attire et les retient. Nous vivons ainsi l'un à côté de l'autre, eux sans ardeur et sans progrès, nous, pleins de force et d'enthousiasme : de force, parce que nous voyons chaque jour venir à nous des recrues nouvelles, parce que nous avançons réellement dans l'étude de cet art; pleins d'enthousiasme, parce que nous représentons une IDÉE, et que, dans un avenir plus prochain qu'on ne le suppose, cette idée triomphera!

Tu penses bien, mon cher Paul, que j'écoutais avec une attention extrême ce commencement de discussion. Ce ton ferme et le style concis de Marcel me faisaient plaisir; je n'aurais pas été fâché cependant qu'il se fourvoyât un peu. J'attendais avec impatience la riposte de Richer. Elle ne se fit pas attendre.

— Mais qui êtes-vous donc, s'écria-t-il en se levant d'un bond, vous qui prétendez avoir le monopole de faire des musiciens à la vapeur, en six mois, tandis que nous mettons dix ans? Vous vous intitulez Réforme musicale! Elle ne réformera rien votre méthode, et la langue admise sera toujours la nôtre; bien fou qui ne le voit pas! Qu'est-ce que vos chiffres? que prouvent-ils? Jamais vous ne me ferez croire que c'est de la musique. Je n'en vois qu'une, c'est la vieille, entendez-vous bien, celle qui emploie la portée; quand à la vôtre, je ne la connais pas, je ne veux pas la connaître!

Richer devenait furieux. Je fus sur le point de faire cesser cette discussion qui prenait des proportions que je voulais éviter à tout prix; j'allais prier Marcel de ne pas répondre quand il reprit avec un sang-froid qui me surprit profondément.

— Vous me demandez, monsieur, qui nous

sommes ? — Je vous répondrai : les pionniers du progrès ! Nous n'avons pas le monopole, ainsi que vous le prétendez, de faire des musiciens, mais nous avons la douce et consolante persuasion d'en avoir fait un certain nombre, qui peut-être ne le fussent jamais devenus sans la méthode *Galin-Paris-Chevé*.

Vous nous appelez fous parce que nous poursuivons une réforme musicale, parce que nous avons foi dans notre œuvre ? — Rappelez-vous donc que des réformes bien plus difficiles encore se sont accomplies dans le monde, et cela malgré les détracteurs les plus acharnés. — Avez-vous la fatuité de croire que le système musical qui se sert de la portée, — celui que vous défendez, — le vôtre enfin, — ait toujours existé ? Il est jeune encore, et son apparition, ne l'oubliez pas, a soulevé bien des tempêtes. Plus d'un amateur du plain - chant a dû s'écrier que ce système ne prévaudrait jamais ; cependant il est là ! Que vous le vouliez ou non, si notre méthode est bonne, — et nous en avons la certitude par les résultats obtenus, — elle vivra ; et plus vous lui susciterez d'entraves, plus elle deviendra forte, plus elle pénétrera dans les masses qu'elle est appelée à éclairer et à moraliser, plus son triomphe sera proche.

Permettez-moi de vous dire que je ne trouve pas votre comparaison heureuse. Vous nous reprochez de faire des musiciens en six mois, à la vapeur, et cela grâce à nos moyens pédagogiques, puis vous demandez : qu'est-ce que cela prouve ?

Mais une chose bien simple, c'est que notre système est plus facile que le vôtre ; c'est qu'en raison du peu de difficultés qu'il offre, il peut s'adresser à tous, et devenir réellement un enseignement populaire, ce qui n'est pas à dédaigner par le vent démocratique qui souffle aujourd'hui.

Nous faisons des musiciens à la vapeur ? La vapeur est un excellent moyen de locomotion. Est-ce que vous regretteriez les coucous ?

Il y a quarante ans, un bon bourgeois de la Cannebière, que ses affaires appelaient à Paris, prenait la diligence sur le cours de Belzunce, à Marseille ; il embrassait en pleurant sa femme, ses parents, ses amis, s'arrachait de leurs bras, passait trois jours et trois nuits dans l'affreux et incommode véhicule et arrivait à Paris, meurtri, brisé du voyage ; aujourd'hui, grâce à la vapeur, dont vous vous servez vous-même dans votre usine, ce même bourgeois, s'il existe encore, se fait conduire à l'embarcadère du chemin de fer ; là, pour une somme relativement modique, il monte dans un compartiment confortable, appuie sa respectable personne aux coussins moelleux qui l'entourent, pose ses pieds délicats sur un tapis soyeux ; et, seize heures après, constate avec plaisir que le génie qui couronne la colonne de la Bastille n'a pas renoué ses chaînes !...

Il y a quarante ans, le trajet de Marseille à Paris était une corvée; en l'an de grâce 1872, c'est une promenade.

Il y a quarante ans, apprendre la musique était tout une affaire; quelques natures d'élite pouvaient seules se permettre ce luxe; quant au commun des mortels, il n'y devait pas songer.

Non licet omnibus adire Corinthum, avait dit le poëte latin. Cet axiome eût trouvé sa place sur le frontispice de l'Académie nationale de musique.

Actuellement tout le monde peut « *aller à Corinthe*, » ou si vous l'aimez mieux, devenir vraiment musicien, et cela grâce à la méthode que, dans son génie transcendant, entrevit un jour Jean-Jacques Rousseau, et que depuis lors vulgarisèrent Galin, Paris et Chevé.

Vous ne pouvez nier que cette méthode atteigne le résultat de l'ancienne puisque, dans tous les concours où elle se présente, elle déchiffre à première vue le morceau imposé aux sociétés de l'autre école. Seulement, elle emploie d'autres moyens que les vôtres; là est son crime à vos yeux.

Il vous plaît de passer des années à l'étude de la musique, nous n'entendons y consacrer que des mois; vous sacrifiez à cet art un sixième de votre existence avant d'être un élève ordinaire : nous qui n'avons ni le temps ni la patience, nous prenons un enseignement plus simple, moins hérissé de difficultés; en un mot il vous plaît de faire le trajet de Marseille à Paris en diligence, soit! Quant à nous, nous continuerons à nous servir des voies ferrées.

Vous ne reconnaîtrez jamais le chiffre pour de la musique, ajoutez-vous ; vous me paraissez, — pardonnez-moi la comparaison, — imiter ce brave paysan de mon pays, qui assistait pour la première fois, dans son village, à l'ouverture d'une mission.

En descendant de la chaire, le prédicateur, un Franciscain, passa à côté de lui pour regagner la sacristie.

— Eh bien! mon bonhomme, s'écria sa femme à son retour, as tu vu la mission?

— Je crois bien, répondit l'homme des champs, elle a passé tout près de moi.

— La mission?... a passé près de toi?

— Oui.

— Ah! ça, tu perds la tête?

— Même qu'elle a une barbe longue comme ça, et qu'elle porte lunettes.

Le naïf Normand, — il s'en trouve un par mille, — avait pris pour la mission celui qui la prêchait, comme M. Richer prend en ce moment pour la musique le signe conventionnel qui la représente.

A cette nouvelle sortie de Marcel, je partis d'un franc éclat de rire ; Richer lui-même ne put s'empêcher d'en faire autant.

— Il est urgent, reprit l'instituteur, de se rappeler ceci : c'est que telle ou telle méthode n'est pas la *musique*, comme on l'entend trop souvent, mais seulement une manière à soi de rendre une pensée musicale ; et, cela est si vrai, qu'un motif vocalisé, soit dans l'une, soit dans l'autre, ne diffère aucunement d'expression, et qu'en l'entendant, l'auteur saura parfaitement reconnaître son œuvre.

— Il y a du vrai, repartit Richer, dans ce que vous venez de dire, mais c'est égal je ne suis pas converti ; que voulez-vous, j'ai été élevé dans ces idées ; somme toute, je n'aime pas les chiffres.

— Comme musique ?

— Bien entendu.

— Et au point de vue commercial ?

— Ah !... c'est autre chose.

— Mais, pour votre comptabilité, vous vous servez des chiffres *arabes* ?

— Certainement.

— Pourquoi leur donnez-vous la préférence sur les chiffres *romains*, leurs aînés ?

— Aïe !... je vous vois venir...

—Répondez-donc ! Tenez ; je vais vous aider : c'est parce que les chiffres *arabes* ont, au point de vue mathématique, l'avantage incontestable sur les chiffres *romains* de rendre tout problème plus facile à résoudre ; parce qu'ils parlent plus clairement à l'intelligence du comptable ; parce qu'enfin ils font réaliser une économie de temps sérieuse et que, selon l'expression anglaise « le temps est de l'argent. »

Posez ce problème de la façon suivante : « M.DCCLIV $\times$ CXIX » l'homme le plus habile mettra un temps assez long avant de vous répondre que le produit est 208,726. Donnez-le sous cette forme : « 1754 × 119, » le dernier bambin de mon école vous mettra cette somme sous les yeux avant une minute.

— C'est un fait.

— Eh bien, pourquoi ne voulez-vous pas reconnaître au point de vue musical, ce que vous admettez, sans difficulté aucune, au point de vue commercial? Vous avez été élevé dans ces idées, dites-vous, et bonnes ou mauvaises, vous voulez les conserver.

Ce n'est pas répondre que de parler ainsi. Aux faits que je vous cite, opposez-moi des faits, rien de mieux; mais ne vous renfermez pas dans le cercle vicieux des idées reçues; à quoi bon l'intelligence, si l'homme ne s'en sert pas pour distinguer le faux du vrai, et pour agir en conséquence.

— Mon cher Richer, repris-je à mon tour, ne m'avez-vous pas dit, un jour, que vous connaissiez la méthode *Galin-Paris-Chevé?*

—Non. J'ai eu plusieurs fois l'occasion d'entendre des professeurs de la méthode usuelle parler d'elle, et certes d'une manière fort désobligeante; l'un d'eux m'a même envoyé plusieurs morceaux écrits dans cette langue, et que je possède ici; mais quant à l'avoir apprise je n'ai pu vous le dire.

Cette réponse, mon cher Paul, me fit peine à entendre, car elle mettait à néant les quelques arguments que mon digne voisin avait lancés dans la discussion. Ainsi il ressortait clairement et sans ambiguïté possible, que le propriétaire des Deux-Moulins haïssait une méthode *qu'il ne connaissait pas*.

Je commençais à trouver la chose assez piquante. — Et puis, il faut bien en convenir, ses griefs contre ce système musical ne s'appuyaient sur rien de sérieux ; le simple bon sens suffisait pour s'en convaincre. — Aux preuves qu'apportait Marcel à l'appui de son dire, que répondait Richer ? « — Vous ne réfor- « merez rien ; — qu'est-ce que vos chiffres ? — Pré- « tendez-vous faire des musiciens à la vapeur ? » Des mots, rien que des mots, et pas une réfutation logi- que ; pas une raison admissible qui jetât le désarroi dans le plan d'attaque de son adversaire. Richer, en cet instant, n'avait plus ce sourire ironique que j'avais remarqué quelques jours auparavant ; avec moi, il parlait en maître, en homme qui sait à fond ce qu'il attaque et ce qu'il défend ; avec Marcel, il crie fort en commençant, comme s'il avait besoin de s'entendre lui-même pour se persuader qu'il a raison ; puis, traqué par l'ennemi jusque dans ses derniers retranchements, il change de ton : du *mezzo-soprano*, sa voix tombe dans les notes graves ; bientôt il arrive au faux bourdon, ce qui est fort beau, peut-être, dans la partie d'un chœur, mais est déplorable dans une discussion, car c'est s'avouer vaincu.

V

Cette longue séance ne fut pas la seule que nous
eûmes aux Deux-Moulins ; la partie était engagée, il
fallait qu'un de nous la perdît.

Richer, qui ne se dissimulait pas l'échec qu'il
avait subi à notre première entrevue, était allé demander des armes nouvelles à plusieurs professeurs
de ses amis. La discussion recommença donc quelques jours plus tard, plus vive, plus mordante et
plus acharnée que jamais. Semblables à deux lut-
teurs antiques, qui sentent tout le poids d'une défaite
ou d'une victoire, et qui veulent, dût-il leur en coûter
la vie, qu'on honore après eux leur courage, mes
deux amis ne se ménageaient pas les coups ; prompts
à l'attaque, chacun, de son côté, cherchait à terras-
ser son adversaire par les répliques les plus vives et
les arguments les plus solides ; et moi, seul specta-
teur de ce duel artistique, j'écoutais, avec la gravité

et l'impartialité d'un juge, ce flot de raisonnements contradictoires qui se succédaient sans aucun instant d'arrêt.

Jusqu'ici la discussion n'avait porté que sur des faits isolés les uns des autres, et ne se rattachant, pour ainsi dire, que d'une manière indirecte au point capital qui faisait le fond de la question ; un incident l'éleva tout à coup à la hauteur d'une œuvre essentiellement philanthropique ; les mesquines rivalités de système à système s'effacèrent devant la grandeur de la tâche entreprise ; la discussion prit son essor vers des régions plus hautes et plus sereines. Transporté sur ce sommet, le penseur voyait l'horizon s'élargir et pouvait juger alors en parfaite connaissance de cause.

— Pourquoi changer l'ordre de choses établi, avait dit Richer ; pourquoi tant d'obstination chez les novateurs ?

J'aurais voulu, pour je ne sais quoi, que ces paroles n'eussent pas été prononcées ; mon excellent voisin, à bout de preuves et pressé de plus en plus par l'ennemi, n'avait vu en elles qu'un moyen d'échapper à ses coups et de se ménager une planche de salut ; mais Marcel s'était révélé à moi comme un logicien trop habile pour ne pas profiter de la maladresse de son partenaire ; l'éclair qui jaillit de ses yeux me prouva que je ne m'étais pas trompé :

— Parce que l'ordre de choses nouveau est meilleur que l'ancien, reprit celui-ci ; parce que le pro-

grès est la loi du monde, et que l'homme, quoi qu'il
fasse, est entraîné par lui.

J'ai déjà fait justice de cette immobilité de cada-
vre que vous réclamez pour la musique, quand vous
applaudissez à chaque découverte nouvelle qui vient
surprendre et réjouir l'humanité.

S'agit-il d'une invention mécanique, vous suivez
d'un œil avide l'inventeur jusque dans les plus petits détails de son œuvre, et souvent, sur son affir-
mation, vous changez tout un outillage qui vous a
coûté fort cher. Qui oserait vous donner tort?...

Moi, je dis : Vous avez raison, car le but de ce
changement, rêvé par l'inventeur et réalisé par vous,
c'est de recueillir des bénéfices plus grands qui vous
permettent d'améliorer la condition de ceux qui vous
servent, en fondant des œuvres utiles et humani-
taires; c'est d'augmenter la richesse publique, du
pays, c'est enfin d'accroître votre fortune.

Ce que chacun reconnaît juste pour les intérêts matériels des individus, il faut, qu'avec le temps, tout
homme le reconnaisse également pour les intérêts
d'ordre moral.

Après les durs labeurs de la journée, l'ouvrier,
comme le savant, sent le besoin d'élever son âme
au-dessus de la matière. Son imagination, retenue
captive pendant les longues heures de la tâche quotidienne, secoue, à un moment donné, sa chaîne de
servitude et s'élance libre et joyeuse vers l'in-
connu.

A celui-ci, la douce poésie, cette blonde enchanteresse qui endort les douleurs humaines et fait trouver
moins amère la coupe si souvent troublée de la vie.

A celui-là, la contemplation des grandes scènes de
la nature : le lac inondé de lumière et sillonné de
barques élégantes; les excursions aux pics neigeux
des Alpes ou des Pyrénées; l'Océan et ses tempêtes;
les longs voyages et leurs émotions si variées.

A tel autre, les souvenirs du passé, la lecture de
l'histoire qui vous fait vivre avec vos héros; kaléi-
doscope ingénieux qui nous montre l'humanité sous
toutes ses faces et nous enseigne la sagesse.

Ces tendances de notre nature sont aussi néces-
saires à l'homme que l'air qu'il respire; rivé aux exi-
gences et aux préoccupations constantes de l'existence, il se sent heureux quand, pour un moment,
il lui est possible de les fuir et de laisser aller sa
pensée vers l'idéal, vers ces rivages heureux qu'il
entrevoit comme un mirage enchanteur, comme une
terre promise !

Eh bien, il y a une science qui résume à elle seule
toutes ces poésies, toutes ces aspirations : c'est la
musique !

Le génie humain l'avait devinée dès la plus haute
antiquité, et les nations les plus éclairées l'inscri-
virent au programme de toute éducation libérale.

La Grèce lui élève des autels, et ses Rapsodes par-
courent les villes du Péloponèse, racontant au peuple,
dans cette langue grecque, si sonore, les exploits de

ses guerriers. L'*Iliade* et l'*Odyssée* sont non-seulement des poëmes, ils sont surtout des chants !

Rome, qui fut un jour la maîtresse du monde — mais maîtresse par le fer — dédaigna cet art et l'abandonna aux esclaves. Les esclaves chantèrent leur abjection et leurs espérances, et la Gaule, subjuguée par César, apprit les strophes vengeresses des Romains et surtout leurs hymnes de liberté !

Le moyen âge, malgré ses mœurs despotiques et farouches, eut ses Trouvères qui allèrent réveiller les échos endormis des castels féodaux et charmer les loisirs des jolies châtelaines pendant que leurs seigneurs et maîtres guerroyaient en Palestine.

Les ordres religieux firent beaucoup pour la propagation du chant. La musique comme les lettres et les arts, trouva en eux de zélés protecteurs, et nos vieilles basiliques doivent se souvenir encore des *Noëls* joyeux qui saluèrent leur consécration.

Aujourd'hui, la musique est autant en honneur qu'au siècle des Périclès.

Comme Athènes, Paris lui élève des temples; et, plus libérale que la Grèce, la France convie non-seulement ses classes privilégiées, mais tous ses enfants, à en faire l'objet de leurs études.

Aux natures et aux aptitudes d'élite, le Conservatoire, qui les rendra des artistes émérites dont la patrie sera fière.

A tous, les premiers éléments de cet art. L'un est doté d'une voix agréable, il choisira le chant; l'autre apprendra à se servir d'un instrument; il y en a qui pratiqueront les deux branches de cet enseignement à la fois.

Depuis vingt ans, une voie nouvelle a été tracée aux sociétés chorales. Des hommes de cœur, sachant par expérience combien les sentiers qui mènent à la divine enchanteresse sont abruptes, ont fait les plus grands efforts pour aplanir les difficultés du chemin. — Wilhem y consacra une partie de sa vie, et, il faut bien le dire, le résultat obtenu n'atteint pas la grandeur de son dévouement.

Au siècle dernier, le solitaire des Charmettes, Jean-Jacques Rousseau s'était dit un jour que si la notation musicale pouvait être simplifiée, ce serait un grand pas de fait pour l'instruction populaire. Il meurt, et son idée semble mourir avec lui.

Erreur; en France, l'idée ne meurt jamais; quarante ans plus tard, Galin s'en empare et ébauche l'œuvre entrevue par son illustre devancier.

Parmi les auditeurs de Galin, se trouve un jeune avocat, à l'œil ardent, aux sentiments généreux et enthousiastes; brave comme Bayard et savant comme un bénédictin; j'ai nommé Aimé Paris!

Il écoute indifféremment d'abord les paroles du professeur, puis bientôt, nouveau Saül sur le chemin de Damas, il se convertit à l'idée nouvelle et commence cette propagande gigantesque qui ne devait finir qu'avec sa vie.

Dans le courant de l'année 1835, arrivait au quar-

tier-Latin, pour y résider, un docteur en médecine :
il s'appelait Emile Chevé. Grand, doué d'une physionomie expressive, ce jeune homme n'était pas le
premier venu parmi ses confrères de la Faculté.

Enfant du Finistère, il avait respiré dès sa jeunesse
les âpres brises de l'Océan et joué avec le flot
écumant qui déferlait sur le rivage armoricain ;
médecin, il confia sa vie à l'élément qui berça ses
premières années, et fit plusieurs campagnes comme
chirurgien de marine.

Il se trouvait en cette qualité en 1830, au Sénégal,
lorsque la fièvre jaune ravagea la colonie. Saint-
Louis est décimé par le fléau, les courages les plus
robustes faiblissent, les routes sont encombrées de
fuyards, l'épouvante gagne les plus intrépides ; la
mort est partout !

Emile Chevé, témoin de tant de désastres, fait
preuve du dévoûment le plus admirable ; et, à peine
convalescent lui-même de cette terrible maladie, il
reprend son service malgré les sollicitations du gou-
verneur, M. Brou, qui voulait le renvoyer en France.

La terreur passée, un cri d'amour et de reconnaissance s'élève de l'île ; il traverse les mers et arrive
jusqu'aux pieds du trône. Bientôt l'écho rapporte
de la métropole une nouvelle qui fait tressaillir de
joie la colonie tout entière :

« Emile Chevé est nommé chevalier de la Légion
d'honneur. »

Il a vingt-quatre ans !...

VI

En arrivant à Paris, la première visite d'Emile Chevé fut pour son cousin Aimé Paris.

Il s'attendait à trouver le jeune avocat au milieu de dossiers poudreux, entouré de codes plus ou moins commentés, analysant les Pandectes de Justinien, ou s'exerçant, comme Démosthène, à l'art de bien dire.

Aimé Paris, un morceau de craie à la main, achevait de couvrir de chiffres un immense tableau, et chantait!...

— Que fais-tu donc? s'écria le docteur en se jetant dans ses bras.

— Une révolution.

— Tu dis?...

— Une révolution.... musicale !

Emile Chévé se frotta les yeux et se demanda s'il était bien éveillé.

— Oui, mon cher, continua l'autre, je suis en train d'humaniser la musique. — Depuis trop longtemps, Euterpe dédaigne les hommages mortels ; elle se tient si haut, si haut, que ses favoris eux-mêmes s'aperçoivent, lorsqu'ils arrivent jusqu'à elle, que leurs cheveux ont blanchi pendant la route ! — Demain peut-être, et dans un demi-siècle certainement, l'aimable muse aura plus d'adorateurs que ses sœurs..,

— Et par quel moyen ?...

— J'arriverai à ce but ? — par ce tableau, par ces chiffres. — Mais je t'expliquerai cela une autre fois ; aujourd'hui je veux être tout à la joie de te revoir ; allons dîner.

— Pauvre garçon, murmura Chevé en descendant les escaliers, une si belle intelligence !... Bah ! je le guérirai !...

Les deux cousins se virent presque chaque jour. Émile Chevé venait d'obtenir les honneurs du professorat à l'Académie de médecine, Aimé Paris continuait ses études musicales à la suite de ses cours de mnémotechnie, et recommençait avec une ardeur incroyable ses chiffres au tableau.

A chaque entrevue, la conversation revenait invariablement sur la musique. L'un ne cessait de vanter la facilité et la clarté de la méthode nouvelle ; l'autre semblait écouter attentivement les démonstrations de son parent, mais, en réalité, se livrait à de profondes méditations sur les aberrations du cerveau humain.

Un jour, vaincu par les obsessions d'Aimé Paris, Emile Chevé assista à l'un de ses cours; quand il en sortit, la méthode en chiffres comptait un défenseur de plus.

C'est alors que se forma cette association que la mort seule devait rompre; c'est de cet instant que les noms de Galin-Paris-Chevé s'unirent pour ne plus se quitter jamais. Trinité glorieuse qui dira aux générations futures ce que peuvent trois hommes dévoués à l'art et liés par l'amitié, pour la propagation d'une idée utile et pour la moralisation des masses.

Galin est mort, mais son œuvre est en bonnes mains; le grain de sénevé va devenir un grand arbre, il y a de l'apôtre dans ceux qui lui succèdent, et les apôtres ont conquis le monde!...

A partir de ce moment, la lutte est engagée : Émile Chevé ouvre de nouveaux cours gratuits auxquels sont conviés les citoyens de tout âge et de toute condition.

La foule répond à cet appel, par curiosité d'abord, par conviction ensuite.

Aimé Paris travaille nuit et jour; tout ce qui a été écrit sur la musique est lu, analysé et compulsé par lui.

Parmi ces auditeurs, il s'en trouve que l'excellence de l'enseignement a frappés d'une façon toute particulière ; ils se rapprochent du maître, se groupent autour de lui et forment ce premier noyau intelligent qui va devenir un peu plus tard une véritable pépinière de professeurs.

Un cours finit-il ? un cours aussitôt recommence ; quelques années se passent de la sorte et la jeune école compte déjà ses adeptes par centaines.

La capitale ne suffit plus à l'ardeur des Galinistes, la province à son tour va être initiée à l'enseignement populaire.

— Pars, avait dit Chevé à Aimé Paris, je puis te remplacer aujourd'hui.

Ce dernier se met en route. Caen, Bordeaux, Lyon, Strasbourg et les principales villes de France, le voient tour à tour accourir. Le temps lui manque certainement pour fonder partout des centres sérieux et convaincus, qui puissent prendre en main, au besoin les intérêts de la méthode qu'il annonce ; mais, il n'en laisse pas moins partout des germes qui deviendront féconds ; une semence qui, dans un temps donné, produira une moisson abondante.

Pendant qu'Aimé Paris enseigne la province, Émile Chevé continue les cours à Paris où le succès s'affirme de plus en plus ; le nouveau professeur s'est révélé tout à coup comme un orateur distingué, et le monde accourt à ses leçons.

Cette bonne ville de Paris, que quelques écrivains nous représentent comme si frivole, et comme enveloppée d'un voile d'indifférence et de scepticisme

Paris, se demande, un jour, ce que signifient ces
bruits qui lui parviennent de la rive gauche : — « Mu-
« sique représentée par des chiffres, — Lecture à
« vue, — Galin-Paris-Chevé, — Succès d'enthou-
« siasme parmi les élèves?... »

Les doctes musiciens de la rive droite commencent
eux-mêmes à sortir de leur sommeil léthargique. —
On parle de musique là-bas, au quartier des Écoles,
et nul des nôtres ne s'en émeut? Allons voir! —
tel est le cri général.

Quelques jours après, chacun rend compte de ses
impressions à ses confrères :

— Il s'exprime bien, dit l'un, mais les idées qu'il
émet sont inadmissibles. Comprenez-vous un homme
assez « *illuminé* » pour prétendre qu'avec sa méthode
il va faire lire la musique à ses élèves, en six mois?
comme ces mêmes élèves lisent l'écriture?... quand
la presque totalité des nôtres, qui en font une étude
spéciale, arrivent à peine à le faire après de longues
années de leçons?

— Ce n'est pas sérieux.

— Dites le mot : c'est absurde !

— Attention, reprend un troisième, absurde ou
non, l'idée se propage; les cours sont suivis, la
jeunesse s'y porte ; il faut arrêter par la discussion
cet élan musical intempestif, il faut mettre à néant
ce fantôme de méthode.

— Y pensez-vous, s'écrie une voix, discuter? mais
c'est reconnaître une certaine valeur à l'enseignement

de ce docteur; vous voulez donc que le public tout entier se passionne pour le débat? Je ne connais qu'une arme qui puisse nous servir pour faire rentrer sous terre ces utopies; c'est le rire. — Rions, mes frères, et tout sera dit!

Et la rive droite se mit à rire comme si Aristophane en personne fût sorti de son sépulcre de marbre et eût lancé à travers le monde une nouvelle comédie.

Maître, dirent un jour quelques élèves à Émile Chevé, là-bas on rit de vous.

— Je m'y attendais bien.

— Ils ne veulent pas même discuter votre enseignement?

— Cela viendra.

— Que faire?

— Étudiez, et laissez-les rire. Rira bien qui rira le dernier.

VII

Cette hilarité dura dix ans, puis tout-à-coup elle cessa.

Des hommes compétents et dignes de foi assistèrent un jour à des expériences publiques faites par Émile Chevé, et ce qu'ils virent les surprit profondément. — Plusieurs d'entr'eux avaient composé le matin même un fragment de chœur à plusieurs voix, et ils s'étaient dit, avec raison, que, si ces différents morceaux, inconnus à tous, complétement inédits, étaient chantés *à première vue* par les élèves, à coup sûr, cette méthode n'était pas sans valeur, et par conséquent devait être encouragée.

Eh bien, l'épreuve eut un plein succès, les morceaux remis, séance tenante, au professeur furent aussitôt traduits par lui, sur un tableau, et.... chantés !

De ce jour, la rive droite comprit — mais comme le renard de la fable, un peu tard — que le rire, si soutenu qu'il soit, ne prouve rien en faveur d'une cause et que le bon sens finit toujours par en avoir raison. — On en vint alors, comme l'avait prévu Émile Chevé, à discuter.

Je n'entreprendrai pas, messieurs, continua Marcel de vous retracer ici les innombrables polémiques que les chefs de l'école eurent à soutenir contre leurs puissants et nombreux adversaires ; leurs ouvrages sont là, lisez-les, et vous serez complétement édifiés à ce sujet.

Aux arguments de l'école usuelle qui ne voulait reconnaître aucun des faits annoncés par sa jeune rivale, et se renfermait dans un *non possumus*, plus orgueilleux que réfléchi, Chevé répondait : venez, voyez, vous discuterez ensuite.

Il y en eut qui pensèrent qu'un docteur en médecine pouvait, et devait être certainement très-apte à traiter une question d'anatomie, mais fort peu au courant des règles de l'harmonie et de tout ce qui constitue les principes si abstraits de la théorie musicale, principes qui ont pour bases les mathématiques.

Ceux-là se trompèrent encore, Emile Chevé répondit d'une telle façon aux attaques, qu'il prouva à tous, que la théorie musicale, et les mathématiques spéciales étaient pour lui d'anciennes connaissances.

Grand émoi partout. Il n'y avait plus à rire maintenant ; c'était bien comme l'avait dit autrefois, Aimé Paris, une révolution musicale qui fermentait dans le cerveau de ce diable d'homme. Avec de l'énergie, on parviendrait sans doute à arrêter le mal ; mais le temps pressait, et il ne fallait pas marchander les efforts.

Vous serez peut-être tentés de me demander comment il se fait que, les excellents résultats de l'enseignement Galiniste, reconnus par quelques-uns mêmes des ennemis de ce système, ne les aient pas convertis à l'idée nouvelle et n'en aient fait par là suite ses défenseurs ?

D'abord, il y a eu des sympathies acquises, de bonnes et de solides relations de nouées ; des visites faites de part et d'autre, des travaux même, *dédiés* à l'école du chiffre ; ensuite... comme ce sujet me mènerait un peu loin, j'aime mieux vous faire part de cette très-courte histoire, que j'ai entendu raconter dernièrement dans un des salons les plus artistiques de Paris, par une personne d'un talent et d'une honorabilité qui défie toute critique.

« Un savant, disait cette personne à un médecin
« bien connu, est allé il y a peu de jours faire une
« visite à un académicien que je ne vous nomme pas,
« mais que je pourrais nommer si cela était néces-
« saire.

— « Jusqu'à présent, a-t-il dit à l'immortel, nous
« avons cru vous et moi, que telle notion scienti-

« fique était la seule vraie, eh bien, voici la preuve
« incontestable qu'elle est fausse. Le doute n'est
« plus permis, le reconnaissez-vous?

— « Oui; seulement je ne défendrai jamais votre
« découverte.

— « Pourquoi?

— « Parce qu'il y a vingt ans que je professe
« précisément le contraire ! »

Je reviens à mon sujet :

On ne songe pas assez aux souffrances sans
nombre qui sont le partage de l'inventeur dans tous
les siècles. Il semble que le secret qu'il arrache à la
science, et cela dans le but unique d'être utile, soit
un crime qui attire sur lui tous les opprobres.
Il est souvent bafoué par les siens; son génie est
non-seulement l'objet des railleries d'une Béotie
qu'on trouve partout, mais il devient encore le point
de mire d'une coterie jalouse qui, sans essayer de se
rendre compte de l'invention trouvée, préfère l'en-
sevelir sous le sarcasme et le ridicule.

A quoi bon, pauvre ouvrier de la pensée, laisser
ton esprit s'égarer dans ces conceptions sublimes?
Tu rêves un progrès? tu es sûr de l'obtenir? Il profitera
aux hommes; Mais à quel prix, dis, le sais-tu?...

Tes connaissances t'ouvrent les carrières libérales,
la fortune te rend facile l'accès aux honneurs, et tu
perds tout cela!...

Quand ton idée aura pris un corps, quand tu seras
en état de montrer à tous la merveille que ton âme

entrevoit, espères-tu obtenir la reconnaissance de tes semblables ou, bien moins que cela, la faveur de leur indifférence?

Il n'en sera pas ainsi ; mille voix vont couvrir la tienne et te poursuivre jusque dans la retraite la plus profonde. Tu leur donnes le fruit de tes veilles, et de longues années d'un labeur ingrat ; en échange, ils vont s'emparer de ta vie ; ils la fouilleront dans tous les sens et leur scalpel ira remuer jusqu'aux fibres les plus intimes de ton être : Ah! tu as voulu te frayer une voie à part ; tu as dédaigné le sentier commun ; c'est un grand crime pour tes contradicteurs ; et ils te le feront expier chèrement.

Tu as donc oublié les leçons du passé, et le sort réservé aux novateurs de tous les temps ?

Les prétendus sages d'Athènes ont contraint Socrate à boire la ciguë ; Galilée a vu la flamme du bûcher qui devait le brûler vif ; Colomb, qui pouvait être le suprême dominateur d'un monde qu'il venait de trouver, meurt abreuvé de chagrins, de misères et de dégoûts. Ses cheveux blanchis avant l'âge, ses rides précoces, son corps voûté par les fatigues de vingt années de voyages, tout cela n'est pas même remarqué par les ingrats, aux pieds desquels il a remis son commandement sur dix millions d'hommes.

— Qu'importe! répond l'inventeur, et ma fortune engloutie et les honneurs sacrifiés : le génie ne raisonne pas! — Mon lot est la souffrance, je souffrirai!... Mes ennemis vont m'attacher au pilori! —

l'ombre de ceux qui m'y ont précédé me protégera. Je marche vers un but ; le voyageur s'arrête-t-il jamais devant les embarras du chemin? Mon étoile me guide et je la suivrai, sans regrets, sans défaillances, comme autrefois les Mages d'Arménie suivirent l'étoile qui les conduisait à la crèche de Bethléem.

Ce que je dis pour les inventeurs en général, peut, jusqu'à un certain point, trouver son application pour les chefs de l'école galiniste. Ils n'entrevirent ni les bûchers, ni l'exil, mais l'œuvre qu'ils apportaient à leur siècle, fut en butte à toutes les tracasseries de l'école usuelle. La plus grande partie de leurs adversaires ne surent ni ne voulurent comprendre le but si noble et si généreux qu'ils poursuivaient.

Aujourd'hui, la méthode du chiffre entre dans une période d'apaisement. Les *Tolle* ne se font plus entendre qu'à de longs intervalles, et les noms de *Galin-Paris-Chevé* sont vénérés partout.

Après avoir appelé dans plusieurs concours les meilleures sociétés de l'Europe, qui toutes déclinèrent cet appel, Émile Chevé jura de ne concourir jamais; Amand Chevé, son fils, actuellement le chef de l'école, n'étant pas lié par le même serment, est entré résolûment dans l'arène et *vingt-six prix*, remportés en quatre années, dans les concours les plus importants de la France, ont fait faire un pas immense à cet enseignement.

La méthode Galin-Paris-Chevé est professée dans

les premières écoles du Gouvernement : l'École polytechnique et l'École normale. — Elle est officielle-
ment enseignée dans notre armée de terre et de mer
et dans plusieurs lycées de Paris. Un nombre con-
sidérable de sociétés orphéoniques et d'institutions
l'ont adoptée ; elle fait partie de l'enseignement
officiel en Russie pour les écoles primaires ; le conservatoire de Genève l'a choisie ; si nous traversons
l'Océan nous la retrouvons au Canada, et même à
Changaï ; comme son aînée, elle pourra dire dans
quelques années : je suis universelle !

Vous voyez donc, monsieur Richer, que l'obstination des novateurs a quelquefois du bon, et que c'eût
été une véritable folie d'abandonner l'Idée.

A ce moment, mon cher ami, il se passa en moi quelque chose d'extraordinaire. J'avais longtemps marché
dans les ténèbres, et voici que la lumière m'était ren-
due tout à coup. Mes yeux éblouis ne l'apercevaient
encore que d'une manière confuse, mais elle était
là, je le sentais, et rien ne pouvait plus m'en séparer.

— Marcel, m'écriai-je, je crois à la méthode *Galin-
Paris-Chevé !*

— Quant à moi, dit Richer, je ne puis encore
vous réciter mon *Credo*, cela viendra peut-être, cette
discussion a jeté le trouble dans mes croyances à cet
égard, mais, à l'heure présente, j'en suis tout au plus
au doute.

— Maintenant continuai-je, en me tournant vers
l'instituteur, il faut songer au plus difficile.

Les cours de *La Feuillaye* seront faits d'après cette méthode, mais qui l'enseignera ?

— Ah ! oui, s'écria le propriétaire des Deux-Moulins, qui sera le professeur Galiniste ? car pour faire un civet, il....

— Moi, répondit Marcel, sans laisser à mon voisin le temps d'achever sa citation.

— J'accepte, repris-je aussitôt, et je désire que dans huit jours les études soient commencées.

— Allons, repartit le propriétaire des Deux-Moulins, il faut que je me hâte de suivre votre exemple ; car en agissant autrement, je me trouverais dans une mauvaise situation, vraiment.

— Voyez donc ce Richer, diraient les mauvaises langues, ce n'est pas lui qui payerait un professeur de musique pour ses employés. A la bonne heure, le maître de *La Feuillaye*, voilà un homme qui s'occupe du pauvre monde.

Aux paroles se joindraient peut-être les faits, et, je vous l'ai dit, je tiens raisonnablement à ce que ma personne reste intacte le plus longtemps possible ; donc, mon cher ami, si vous faites apprendre la musique à vos ouvriers, les miens aussi l'apprendront. Vous aurez un jour un Orphéon ? — celui des Deux-Moulins chantera avant le vôtre. — Si vous poussez jusqu'à la fanfare, je pars demain matin pour Paris, acheter des instruments.

— Bravo !

— Seulement, n'ayant pas encore une foi entière

dans la méthode que l'ami Marcel défend si chaleureusement, vous me permettrez de m'en tenir à l'ancienne. Rivalisons de zèle les uns les autres. Nos cours commençant en même temps, l'avenir nous apprendra qui de nous avait raison.

Quant au professeur, continua Richer, n'en déplaise à Marcel, je saurai le trouver, soit à Orbec, soit à Lisieux ; s'il faut aller plus loin, cela me procurera le plaisir de revoir une fois encore la charmante ville que Jules Janin appelle l'Athènes normande : j'irai à Caen.

Nous prîmes congé de notre hôte, et bientôt je me trouvai seul sur le chemin de La Feuillaye.

Je ne marchais plus, je courais ; la décision que je venais de prendre m'enlevait un poids énorme qui m'obsédait l'esprit, depuis le début de cette affaire ; mon ardeur ne connaissait plus de limites.

Je quittai la route, et suivis à travers champs un sentier qui aboutissait directement à ma propriété.

En arrivant à l'extrémité du jardin, je m'arrêtai un instant tant j'étais ému.

Minuit allait sonner ; un léger brouillard commençait à s'élever de la vallée ; la lune, presque pleine, argentait les paysages d'alentour ; pas un bruit ne troublait le silence de la nuit.

J'allais mettre le pied sur la passerelle qui relie le jardin à la prairie, lorsque je m'arrêtai devant le ruisseau qui coulait paisiblement au-dessous.

Une pensée, rapide comme l'éclair, me traversa l'esprit ; d'un bond je fus de l'autre côté : — *Alea jacta est!...* m'écriai-je . . . .

. . . .

comme César, je venais de passer le Rubicon !

VIII

En lisant les derniers mots de ma lettre précédente, tu te seras dit que mon acte de foi à la méthode Galin-Paris-Chevé simplifiait beaucoup la tâche que je m'étais si gratuitement imposée, puisque je n'avais plus qu'à agir.

Ah! cher ami, comme ton erreur est grande! — Faire le bien, t'ai-je écrit un jour, n'est pas toujours facile, et je ne l'ai jamais mieux compris que dans la semaine qui suivit notre discussion aux Deux-Moulins.

Ma première impression fut la tienne. Voilà un grand pas de fait, pensais-je : je suis fixé maintenant sur le choix de l'enseignement; le professeur a toute ma confiance; cela va marcher à souhait. — J'ai bien à m'occuper de l'emplacement pour le lieu des séances, mais mon plan est arrêté. Les deux pièces qui terminent le bâtiment qui fait face à mon usine, du côté de la cour, me serviront de salles d'études ; il me suffira de faire abattre la cloison qui les sépare. Demain, à Orbec, je verrai Anfrie, il fera les tableaux dont Marcel doit m'apporter le modèle ; lundi prochain tout sera prêt.

Avant d'en arriver là, je devais éprouver d'autres ennuis, tu le verras par la suite.

Dans la soirée, l'entrepreneur, auquel j'avais écrit le matin, arriva. Nous visitâmes ensemble les pièces en question, je lui expliquai les modifications que je comptais faire subir à cette partie du bâtiment, et son avis fut en tous points conforme au mien.

Nous terminions nos arrangements lorsque ma femme nous rejoignit. Hélène nous écouta, sans nous interrompre, avec une attention extrême, mais à travers laquelle je crus distinguer un certain dépit.

— Attention, pensai-je, voici un point noir à l'horizon, il y a un orage en l'air.

— Que vient donc de m'annoncer madame Richer, me dit Hélène en dînant, que tu allais apprendre la musique à tes ouvriers, fonder une société chorale, acheter des instuments ?

— Madame Richer t'a dit la vérité, répondis-je, et elle eût pu ajouter que son mari était sur le point de m'imiter.

— Mais, mon ami, as-tu bien songé à ce que tu

vas entreprendre ? Quelle nécessité vois-tu de faire des musiciens de tes employés ?

— J'en vois une grande, je te l'avoue. Depuis long-temps, tu l'as remarqué toi-même, le travail souffre un jour, deux quelquefois, par semaine. C'est une perte sérieuse pour moi, et une véritable calamité pour les familles de mes ouvriers. Les femmes se plai-gnent, avec raison, de voir toutes les économies du ménage passer dans la caisse des cabaretiers du vil-lage ; les enfants sont à peine vêtus ; le mal augmente d'une façon inquiétante ; n'est-il pas de mon devoir d'essayer de l'arrêter ?—Le hasard m'a fait connaître une des causes de ce malaise : mes employés aiment le chant et la musique, il est donc tout naturel que je cherche à diriger leurs loisirs de ce côté.

— Jusqu'à présent, ils s'en sont passés.

— D'où tu conclus qu'ils doivent s'en passer tou-jours?...

— Non, mais...

— Écoute bien, je connais trop ton cœur pour te faire l'injure de te soupçonner d'indifférence ou d'é-goïsme à l'égard de ces pauvres gens. — Qui soigne les malades de la contrée, qui passe les longues soi-rées d'hiver à confectionner des vêtements bien chauds pour les enfants et les vieillards, si ce n'est toi ? qui fait bénir mon nom dans le pays ? C'est ta bonté et ton dévouement pour tous ceux qui souffrent ?

— Quelle est celle que, dans leur naïve et pieuse re-connaissance, chaque paysan des environs appelle :

la bonne dame de la Feuillaye? C'est toi, chère Hélène! c'est toujours toi! — Tu ne peux donc désap-
prouver ma tentative et je suis certain que, dans quelques mois, tu seras heureuse de constater le bon effet
que j'en attends. — Seulement, jusqu'à ce moment,
laisse-moi tout entier à mon œuvre; n'écoute ni ceux
qui m'approuveront ni ceux qui me critiqueront; un
flatteur est quelquefois plus à craindre qu'un ennemi, et la critique, quand elle est loyale, ne me fait
pas peur, au contraire.

Quant aux dénigrements systématiques, enfantés,
ou par un travers de caractère, ou par l'impuissance,
ce serait perdre son temps que de leur accorder la
plus légère attention. Ainsi donc, c'est convenu; ac-
cord parfait entre nous; ne vois que la fin, les moyens
me regardent.

— Oui, mais cette musique...

— Quelle musique?

— Je ne sais pas, moi, madame Richer m'assure
que cela ne ressemble à rien, que ce sont des chiffres...

— Eh bien! quand ce serait des chiffres?

— Mieux vaudrait, je pense, faire comme tout le
monde et t'en tenir à l'ancienne.

— Ma chère amie, j'ai résolu que la méthode Galin-Paris-Chevé serait enseignée ici; n'essaie pas de
me faire revenir sur cette décision que je crois fort
sage. Il faut, dans certaines circonstances, ne suivre
que son inspiration propre, autrement on n'entre-
prendrait jamais rien.

— Un mot encore.

— Parle.

— Tu disposes, il me semble, avec un peu trop de sans-gêne de ton personnel. Le temps du travail passé, il ne te doit rien ; et si, pour tes cours, tu le prives de ses moments de loisir, sera-t-il disposé à les suivre avec fruit ?

Encore une difficulté que je n'avais pas prévue ! Hélène, cette fois avait raison. De quel droit en effet, allais-je, de mon autorité privée, retrancher une heure de liberté à chacun de mes employés ? C'était pour un motif excellent, sans doute, et tout à leur avantage, mais comprendront-ils ces raisons ? ne verront-ils pas là plutôt un abus d'autorité de ma part ?

Prendre le temps du cours sur les heures de la journée était chose impossible. Soixante minutes comptées individuellement ne sont qu'une perte insignifiante ; multipliées par cent, elles représentent dix journées d'hommes, et c'est un sacrifice énorme quand on vient de passer plusieurs mauvaises années. Les cours auraient donc lieu le soir, après le temps consacré aux travaux.

Cette mesure que j'étais forcé de subir me jetait dans un embarras extrême. En faisant le cours sur le temps qui m'appartenait, — puisque je le payais, — tout le monde était en quelque sorte obligé d'y assister et d'écouter ; tandis qu'après la tâche quotidienne, chacun était libre de partir, et je ne me faisais au-

cune illusion de ce côté ; bon nombre partiraient !
— Qu'arriverait-il alors ? — Peu à peu les séances
seraient moins suivies ; le découragement s'empare-
rait des élèves, les progrès seraient nuls ; un beau
jour le professeur se trouverait en face des ban-
quettes et c'est ce que je voulais éviter à tout
prix.

Je me torturais l'esprit depuis quelques instants à
chercher un moyen qui pût me faire sortir de cette
alternative, lorsque Marcel entra dans mon bureau.

— En vérité, m'écriai-je, en l'apercevant, vous ne
pouviez venir plus à propos.

— Voici le modèle des tableaux.

— Il s'agit bien de tableaux maintenant...

— Je ne vous comprends pas.

— Le succès de notre œuvre, je vous l'avoue,
commence à me sembler des plus douteux ; car je ne
pourrai vous envoyer mes hommes qu'après la journée, tandis que j'aurais voulu le faire une heure
avant la cessation du travail, et il en résultera de
graves inconvénients. Que voulez-vous, cela n'est
pas possible.

— Lors même que vous pourriez le faire, gardez-
vous en bien... Ce serait du temps doublement
perdu : d'abord au point de vue matériel, qui a bien
son importance, ensuite à celui du progrès. Il faut,
sachez-le, que chacun soit tout à fait libre de venir
ou de ne pas venir à mes leçons ; il est urgent surtout que tous vos ouvriers en soient informés à

l'avance. Quand vous proposez-vous de leur annoncer ce cours?

— Vers la fin de la semaine.

— C'est trop tard. — Dans nos bourgades tout se sait, tout se commente, et le plus simple incident peut, à passer par tant de bouches, devenir tout à coup une grosse affaire.

M. Richer n'a pas été sans dire un mot chez lui de votre résolution commune; quelqu'un a pu entendre ce mot et le répéter. Dans vingt-quatre heures, chaque habitant va connaître l'histoire, revue, corrigée, augmentée et, comme toujours, considérablement défigurée ; il est donc bon de prendre les devants ; à votre place, je m'acquitterais de cette tâche aujourd'hui même.

— Quelle heure vient de sonner !

— Sept heures et demie.

— Très-bien.

Je laissai Marcel à mon bureau et je me dirigeai vers l'usine. J'envoyai l'ordre au contre-maître de faire arrêter les métiers, et d'inviter chaque personne à m'attendre dans la grande pièce du bas, pour une communication que j'avais à faire.

Dix minutes plus tard j'arrivais à la réunion.

IX

Il n'y manquait personne. Hommes, femmes et
enfants étaient accourus à mon appel; des groupes
s'étaient formés et chacun d'eux avait déjà son orateur improvisé ; de toutes parts les conjectures al-
aient leur train.

— Qu'y a-t-il donc ?
— Je ne sais.
— Un accident, sans doute ?
— Un chômage plutôt ?

A mon entrée, il se fit un profond silence ; tous
ces visages plus ou moins anxieux, se tournèrent
vers moi. — Je saluai en souriant, et ce sourire, j'en
fis la remarque, parut chasser, comme par enchan-
tement, l'inquiétude que j'avais remarquée d'abord.

Je m'avançai jusqu'au milieu de l'appartement, et je fus entouré immédiatement par un véritable cercle humain.

« Messieurs, dis-je aussitôt, je viens vous faire
« part d'une nouvelle qui, j'aime à le croire, vous
« fera plaisir :

« A partir de lundi prochain, un cours de musi-
« que vocale, d'après la méthode Galin-Paris-Chevé,
« sera ouvert dans cet établissement.

« Ce cours se fera de huit à neuf heures du soir,
« et si, comme je l'espère, le succès répond à nos
« efforts, la Feuillaye aura, au printemps prochain,
« sa société chorale.

« Que chacun de vous sache bien que ce cours
« est libre et gratuit ; que personne n'est tenu par
« conséquent d'y assister contre sa volonté ; en un
« mot, que vous restez les maîtres d'apprendre ou
« de ne pas apprendre la musique. — Si vous venez
« aux séances, je m'estimerai très-heureux d'avoir
« pu vous aider à acquérir cet art ; si, pour une
« cause ou pour une autre, vous préférez vous en
« abstenir, je ne vous en verrai pas d'un plus mau-
« vais œil, et, de toute façon, nous n'en resterons
« pas moins à l'avenir, comme nous l'avons été par
« le passé, de bons amis. »

J'avais cessé de parler depuis une minute, que le silence le plus complet régnait encore. Mes ouvriers étaient si loin du motif qui m'avait fait les réunir, qu'ils restaient là, immobiles, se regardant les uns les autres, comme des étrangers qui viennent de percevoir les sons d'une langue, mais qui n'en ont aucunement saisi le sens.

Peu à peu chacun s'éloigna, emportant avec soi ses impressions, quitte à retourner dans la soirée chez un camarade lui en faire part.

Comme l'avait prévu Marcel, le lendemain, le village tout entier savait non-seulement l'ouverture de ce cours, mais encore celui que Richer avait annoncé à la même heure à son personnel. — C'en était trop à la fois, la commune était sens dessus dessous!...

A la tombée du jour, la petite place qui fait face à l'Église, était remplie de personnes de tout âge et des deux sexes, qui discutaient sur cette grave affaire.

— Vous savez la nouvelle ?

— Je l'apprends à l'instant. C'est donc vrai ?

— C'est certain; lundi soir, les deux cours commencent.

— Lundi soir ? s'écria d'un air effaré un gros homme, à la face rubiconde et ventru comme Sancho, qui venait aussi discourir sur ce *forum* qui n'avait rien d'antique, lundi soir, c'est impossible, je n'entends pas cela!...

— Quelle mouche vous pique donc, Mathieu? dit une voix.

— Parbleu! la mouche du gain, continua un autre, le digne compère n'a-t-il pas aussi ce jour-là sa soirée, sa musique et ses chanteurs?...

Un éclat de rire général accueillit ces paroles.

— Vous riez, reprit le cabaretier d'un air mena-
çant, je ne vous croyais pas si niais ; car ce qui frappe
l'un de nous, dans la bonne comme dans la mauvaise
fortune, doit frapper le pays tout entier, et, permettez-moi de vous le dire, dans la circonstance présente,
vous ne voyez pas plus long que le bout de votre
nez...

— Insolent, murmurèrent les uns.

— Il a raison, cria le plus grand nombre.

Tous les auditeurs se rapprochèrent de l'aubergiste.

— Savez-vous ce qui se passe, poursuivit-il ; eh
bien ! c'est votre liberté qu'on enchaîne ! — On vous
a pris les heures de la journée pour faire la fortune
de vos patrons, il ne vous restait que ces soirées ;
lundi, on s'empare de ces soirées pour l'agrément
des mêmes patrons. Vous n'êtes plus des hommes,
mais des collégiens ; à l'école, petits, ou gare les
pensums !...

Un long et sourd murmure s'éleva dans la foule.
Mathieu était un trop habile corrupteur pour douter
un seul instant du succès de sa harangue. Aussi
accueillit-il cette interruption avec une véritable satisfaction.

A propos d'une question purement morale, il venait de faire appel aux plus mauvaises passions, et
aux champs, comme dans les cités, ces passions,
il faut bien le reconnaître, ont droit d'asile ; pour

être contenues elles n'en sont pas moins vivaces, et elles se montrent au grand jour à des époques néfastes. — Où il n'y avait qu'avantages réels et délassement honnête pour ces travailleurs, Mathieu avait laissé entrevoir l'abus de la force et la perte du bien le plus cher à l'homme : son indépendance. Aussi, comme je viens de le dire, le murmure qui suivit ses paroles était loin de lui être hostile.

— Mathieu dit la vérité, s'écrièrent plusieurs ouvriers.

— Laisse donc, reprit un autre, il prêche pour son saint.

— N'allons pas à ces cours.

— Si cela nous plaît d'y aller ?

— Allez-y alors ; il y a des lâches partout !...

Plusieurs fois, dans les jours qui suivirent, ces scènes se renouvelèrent ; des rixes eurent lieu ; le samedi, la Chapelle-Yvon présentait l'aspect d'un champ de bataille ; il y avait des vaincus et quelques blessés ; Mathieu se flattait complaisamment de sa facile victoire ; il se croyait un héros !

Chaque soir, il avait réuni chez lui ses partisans et leur avait prouvé surabondamment que Richer et moi nous étions des ennemis du genre humain, que nous nous engraissions des sueurs du peuple et que nous allions incessamment, nouveaux vampires, sucer le sang de nos victimes. Chaque assertion était accompagnée *d'une tournée ;* aussi Mathieu avait-il un succès inouï. Son gros bon sens lui avait fait

entrevoir la portée désastreuse que l'ouverture si-
multanée de ces cours allait faire subir à sa caisse,
et tête perdue, il s'élançait dans la mêlée ; encoura-
geant les uns dans leur résistance, gourmandant les
autres, et payant à boire à tous.

— Vous voulez de la musique ? répétait-il à chaque
rencontre, je vous en ferai entendre. Si mes chanteurs
vous déplaisent, j'en ferai venir de nouveaux ; chez
moi, ajoutait-il en manière de péroraison, à mi-voix,
et clignant de l'œil d'une façon significative, crédit
n'est pas mort, et les bons enfants sont toujours là !..

Tout ce tapage me fut rapporté, il m'affligea, mais
ne me découragea pas.

Plusieurs fois, en traversant le village, j'enten-
dis des rires ironiques à mon adresse, quelques
quolibets d'un goût plus que douteux ; je passai in-
différent.

Dans la matinée du dimanche, l'incident avait pris
des proportions énormes ; Richer lui-même s'en émut,
et vint me demander si je persistais dans ma résolution.

— Oui ! telle fut ma réponse. Dans la soirée, une
pierre lancée du dehors brisa une vitre de ma salle à
manger et vint tomber sur la table pendant que nous
dînions ; d'un élan rapide je gagnai la cour, et, grâce
au clair de lune, je reconnus, dans celui qui fuyait,
un de mes anciens ouvriers que j'avais chassé pour
son inconduite deux mois auparavant. — Il se réfu-
gia chez Mathieu.

Le lundi matin, l'aménagement de la salle était terminé.

Dans l'après-midi je rencontrai, à quelques pas du presbytère, le vieux curé qui revenait de visiter un malade.

— Entrez donc, me dit-il en me serrant la main, et dites-moi ce que signifie ce remue-ménage qui bouleverse depuis huit jours ma paroisse.

J'accompagnai le vieillard ; nous nous assîmes sur un banc du jardin où se trouvait déjà son vicaire, jeune prêtre récemment arrivé parmi nous.

J'expliquai en peu de mots au pasteur le but que je m'étais proposé en créant des cours du soir dans mon établissement. Il approuva tout, et me pria d'étendre la faveur que j'accordais à mes ouvriers à ceux des jeunes gens de la commune qui désiraient suivre cet enseignement.

J'accédai à son désir.

— Maintenant, poursuivit-il, laissez-moi vous dire que je regrette l'introduction de cette musique nou-velle que vous allez imposer à votre cours. — Je ne veux pas en dire du mal, je ne la connais pas ; mais j'aurais préféré que, dans cette circonstance, vous eussiez imité M. Richer qui s'en tient à l'ancienne, à la vieille, si vous voulez..., la vieillesse a du bon !

— Malgré tout le désir de vous être agréable, ré-pondis-je, je ne puis ni ne veux, monsieur le curé, changer mon programme. Vous ne connaissez pas la méthode dont vous parlez, me dites-vous ; moi, sans la connaître davantage, je l'ai entendu attaquer et défendre, et je suis convaincu qu'elle est excellente. *Ut, ré, mi, fa, sol,* chanté dans cette langue, ou sur la portée, n'a rien, je le suppose, de subversif ; pourquoi donc cette crainte ?

— Je ne sais..., une idée...

— Si monsieur le curé veut bien me permettre de faire une observation, dit le vicaire, qui jusque-là nous avait écoutés en silence, je suis à même de le renseigner sur la méthode Galin-Paris-Chevé.

— Parlez, mon cher abbé, je vous écoute.

— Je connais cette méthode.

— Vous, l'abbé, s'écria le vieux curé, vous connaissez la musique en chiffres ?

— Je l'ai apprise.

— Où donc ?

— Au séminaire de Lisieux, en 1856, 1857 et 1858, et je puis vous assurer qu'elle a droit à toutes les sympathies des gens de bien.

Le bon curé semblait au comble de l'étonnement ; l'abbé ne put s'empêcher de sourire.

— S'il en est ainsi, reprit le premier, tout va pour le mieux, et bientôt alors, je vous demanderai l'autorisation d'aller constater les progrès de vos élèves.

— Quand il vous plaira ; vous serez toujours le bienvenu.

Je pris congé du pasteur ; l'abbé m'accompagna jusqu'à la porte du jardin :

— Merci, de votre appui, lui dis-je, vous venez de me faire gagner une belle, et surtout une bonne cause ; à mon tour, si je puis vous être agréable, comptez sur moi.

— Vous le seriez beaucoup en me faisant une promesse.

— Laquelle ?

— J'ai dans un de mes cartons une messe d'Elwart, chantez-là le jour de Pâques prochain.

— Accordé, si la Société y consent ; quand le temps sera venu, je lui en parlerai.

Un instant plus tard je rentrais à la Feuillaye, l'heure du cours approchait.

X

A ce moment, j'en conviens de fort bonne grâce, je ressentis un mouvement d'hésitation vraiment sérieux.

Je commençais à douter de mes forces, et dans cinq minutes j'allais engager une bataille !

Pour combattre le vice ou l'ignorance il ne suffit pas toujours d'être armé de la science, ce qu'il faut, surtout c'est la foi dans le succès ; c'est une patience et une persévérance invincibles, c'est l'énergie d'un héros !

Avais-je bien tout cela ?

Dès le début, tu te le rappelles, plusieurs obstacles avaient essayé de me barrer la route en me criant : Tu ne passeras pas !...

J'étais passé cependant, marchant d'un pied ferme sur les difficultés, et m'avançant malgré tout vers le but poursuivi.

Eh bien, mon cher Paul, explique ce phénomène qui pourra, au moment où j'allais atteindre ce but, je me sentais défaillir, j'avais peur!... je regrettais presque de m'être avancé si loin... Et puis je ne sais quelle voix intérieure me criait sans cesse depuis ma rentrée: « Tu as été trop vite; la première impres-
« sion, quoi qu'on dise, n'est pas toujours la meil-
« leure. Qui te forçait de faire apprendre la musique
« à ceux que tu occupes? qui t'obligeait surtout à
« recourir à une méthode nouvelle, inconnue du plus
« grand nombre, et par cela même en butte aux tra-
« casseries des écoles rivales?

« Tu parles de dévouement? mais qui donc eût osé
« t'accuser d'égoïsme? — Ne fais-tu pas donner l'é-
« ducation première aux enfants de tes ouvriers?
« N'as-tu pas fondé en faveur de ces derniers une
« caisse de secours qui les met à l'abri du besoin
« pendant le temps du chômage et des maladies? La
« Feuillaye, n'est-elle pas l'asile de tous ceux qui
« souffrent? — Que veux-tu donc de plus?

« D'un art d'agrément, tu as tiré une idée morale,
« mais es-tu certain que cette idée généreuse ne se
« tournera pas contre toi-même et au désavantage de
« tous?

« Pour arracher tes employés au cabaret et à la
« misère, qui en est la suite, tu t'es dit: Je les ini-

« tierai aux beautés du chant, ils apprendront les
« œuvres sublimes de nos grands maîtres; leurs
« récréations auront un but plus noble et plus
« élevé, ils ne penseront plus à gaspiller leur salaire
« si péniblement gagné, et l'aisance rentrera au
« foyer.

« C'est un magnifique programme, mais qui
« t'assure qu'il sera suivi de point en point? Ces
« chœurs, ces motifs d'opéra, ces œuvres si variées
« qui font partie du répertoire orphéonique français,
« si tu allais les entendre un jour résonner dans ces
« mêmes cabarets dont tu t'es fait l'ennemi?...

« Certes, le rôle de *Petit manteau bleu* est beau, ad-
« mirable même, seulement chacun n'est pas appelé
« à le jouer, et dans cette circonstance, il fallait te
« contenter d'être bienfaisant comme tout le monde;
« cela eût été certainement préférable... »

Cette voix m'eût parlé longtemps encore, sans
doute, si le son argentin de la cloche de l'usine, en
annonçant la cessation du travail n'eût chassé ces
idées sombres.

La sortie eut lieu.

La porte de la salle d'études était ouverte; Marcel
devant son tableau attendait.

J'avais pensé d'abord à le rejoindre, mais ma présence à la réunion, avant tous les autres, eût pu
exercer une certaine pression sur les indécis, et fidèle
à ma parole, je voulais que la liberté la plus grande
fût laissée à tout le monde. Je restai donc dans l'ap-

partement; le rideau un peu relevé de la croisée me permettait du reste de tout voir sans être vu.

Quelques secondes plus tard, la moitié de mon personnel entra dans la salle du cours.

Aussitôt après, un autre groupe arriva jusqu'à la porte, jeta un coup d'œil à l'intérieur et s'arrêta :

— Entrons-nous, dit l'un ?

— Pourquoi non, reprit un autre, et dix personnes suivirent les premières.

Denis, le mélomane, et jusqu'à un certain point le promoteur de ce cours, celui que nous avons vu au commencement de cette histoire, courir le risque de perdre sa place pour aller le lundi entendre des chanteurs, Denis le Terre-Neuve de la musique, passa à son tour, fier comme Artaban, en sifflant un air, et alla s'installer chez l'aubergiste Mathieu où il passa sa soirée.

J'entrai enfin avec Hélène et mes enfants.

Marcel commença :

Je n'ai nulle envie de te faire ici la narration de cette séance, j'aime mieux te dire bien vite que le professeur sut, non-seulement se rendre sympathique à son auditoire, mais encore très-intéressant, et que sa première leçon fut fort goûtée. — Pour s'en convaincre, il suffisait d'examiner la physionomie des auditeurs; je n'eus garde d'y manquer.

Il faut bien le reconnaître, l'étude de la musique, pour les commençants, n'a rien de séduisant, ni pour les yeux ni pour l'oreille; les premières leçons surtout sont de véritables corvées pour l'élève et pour le professeur !

L'écrivain jette parfois, d'un seul trait, sa pensée sur une feuille de papier ; les idées succèdent aux idées, sans agencement, sans méthode, c'est vrai ; mais ce premier jet de l'intelligence est cependant compréhensible pour tous ; le sujet est là, imparfait, incomplet, sans doute, néanmoins, le lecteur n'a aucun effort à faire pour en saisir le sens, pour en pénétrer les beautés ; il sait qu'il suffit à une main habile de donner à ce canevas le développement nécessaire, la forme et le coloris, pour en faire une œuvre claire, raisonnée et remarquable peut-être.

Il en est de même de l'artiste, qu'il soit peintre ou sculpteur.

Son sujet est trouvé ; le fusain va le reproduire sur la toile, la terre entre ses mains, prend une forme quelconque, et malgré le peu de perfection de ces ébauches grossières, chacun reconnaît l'œuvre en l'apercevant.

Pour le musicien rien de tout cela. La musique représentée par les signes usuels ne frappe aucunement l'imagination. Le professeur eût-il la science mélodique de Mozart et de Rossini, fût-il savant comme Beethoveen et Meyerbeer, poétique comme Gounod, imagé comme Félicien David et bruyant comme Wagner, son premier cours n'en sera pas moins fort ennuyeux. La raison en est bien simple, c'est que la musique parle à l'âme et non aux sens extérieurs, c'est que pour comprendre un chef-d'œuvre, il faut une intuition artistique que beaucoup ne possèdent pas ; c'est que la musique, d'origine divine est accessible, non aux riches, non aux savants exclusivement, mais seulement aux esprits d'élite qui ont en eux l'instinct du beau ; qu'ils habitent un palais ou une chaumière ; qu'ils siégent à l'Institut ou creusent la terre du soc de leur charrue !

Avec la musique il n'y a rien de petit en ce monde ; la poésie l'appelle ma sœur et la musique est une sœur généreuse en effet. Ne donne-t-elle pas aux paroles et l'expression et la vie ? N'est-ce pas elle qui, dans des circonstances exceptionnelles, remue la fibre la plus intime du cœur, allume l'ardeur de l'homme et en fait quelquefois un martyr, ou un héros !

A qui revient l'immense succès du *Miserere* du *Trouvère ?* Est-ce à l'auteur des paroles, est-ce à Verdi ?

La Marseillaise, racontée par Rouget de l'Isle, eût-elle produit une impression aussi vive et aussi durable sur la France, si elle n'eût été chantée ?...

Poser ces questions, c'est les résoudre.

Voilà pour les œuvres faites et soumises à l'appréciation du public lettré qui regarde l'avénement d'un opéra comme une gloire nationale qui va rejaillir sur la France ; mais, à côté, il y a des milliers d'hommes pour lesquels la musique n'est et ne sera

3.

jamais qu'un délassement; et jusqu'ici l'étude de cet art est restée presque inabordable pour eux, tant elle est hérissée de difficultés.

Tu sais comment les choses se passent ordinairement :

Sur un tableau, qui ressemble à tous les tableaux, il y a un certain nombre de lignes horizontales tracées à la craie, et toujours groupées cinq par cinq. Sur ces cinq lignes et dans les intervales, puis au-dessus et même au-dessous, on trouve des points de formes à peu près semblables.

— Ce sont, vous dit gravement le professeur des *rondes*, des *blanches* et des *noires*.

A ma première leçon de musique, je me crus transporté pour un instant sur une place de Cuba, et assistant à un marché de chair humaine. — Dame! des *blanches*, des *noires* et même des *rondes!*... plus d'un s'y tromperait.

— Comprends-tu, dis-je à mi-voix à l'élève qui se trouvait près de moi?

— Non, répondit-il;

— Eh bien, ni moi non plus.

Il y a vingt ans de cela, et maintenant encore je ne saisis pas parfaitement pourquoi une *ronde* vaut quatre *noires* et pourquoi deux *noires* ne valent qu'une *blanche!*...

Dans le temps, je suppliai notre professeur de me fournir quelques renseignements à cet égard. Le digne homme me lança un coup d'œil foudroyant, et après une minute de réflexion, il résuma sa réponse dans ces quatre mots : — Vous êtes un âne !

Je suis resté un âne, je n'ai aucun doute à cet égard, mais je n'ai jamais su d'une manière exacte pourquoi la musique ne pouvait marcher sans *rondes*, sans *blanches* et sans *noires* !

En général, l'élève se dit : va pour toutes les *couleurs* qu'il plaira au professeur de me signaler ; cela m'est bien égal ; je ferai ce que je pourrai pour apprendre, et si je n'y puis réussir, j'y renoncerai.

Un des plus grands torts des professeurs, en général, c'est de croire que les élèves se rendent facilement maîtres de ces difficultés.

— Vous comprenez, n'est-ce pas, s'écrie-t-il à chaque instant?

— Oui, répond l'amour-propre; non, dit tout bas la raison. — Combien d'élèves, s'ils étaient sincères, pourraient répondre comme certain personnage mis en scène dans une des meilleures fables de Florian; *Le singe qui montre la lanterne magique* :

> . . . Moi je vois bien quelque chose,
> Mais, je ne sais pour quelle cause,
> Je ne distingue pas très-bien.

Bah! se dit l'élève, la lumière se fera peut-être à la prochaine leçon.

Aux leçons suivantes, le professeur débute ainsi :

— « Nous avons vu les gammes, et nous connaissons la valeur des notes. »

Ce qui signifie nous allons passer à autre chose.

Puis on entame le chapitre des *dièzes*, ces casse-cou si fréquents inventés par la musique usuelle; après les dièzes, les *bémols*; après les bémols les *clefs*: de sol d'*ut* et de *fa*, en un mot toutes ces *armures moyen-âge* devant lesquelles s'incline à tort ou à raison la science musicale contemporaine et officielle, mais que le progrès, un jour ou l'autre reléguera dans un coin.

— Des bémols, des dièzes, une clef et des armures, soupire l'élève, la tête me tourne; arriverai-je jamais à chanter avec tout cet attirail!...

Si la leçon a lieu dans un collége, ou dans une institution, l'enfant en prend vite son parti: un pensum de plus ou de moins... on n'en meurt pas pour cela!...

Si elle se donne dans une classe du Conservatoire, l'élève qui vient là pour faire une étude spéciale de la musique, non-seulement n'ignore pas ces difficultés mais encore se donne pour tâche de les aplanir et de les vaincre.

Mais, pour l'ouvrier, pour l'employé, dont les loisirs sont comptés, comment l'amènerez-vous à la connaissance de cet art?

Il a la voix juste, le goût artistique raisonnablement développé; il a entendu un artiste en renom; le motif chanté lui plaît, il est dans ses moyens, il voudrait le chanter lui-même.

Entre ce désir et son accomplissement s'est élevé jusqu'ici une barrière presque infranchissable : i ne connaît pas la notation musicale usuelle ou du moins il ne l'exprime que d'une façon fort imparfaite.

— Comment faire ?.

— Fais-toi *seriner* l'air.

— Je voudrais savoir par moi-même, sans avoir recours à personne ; je voudrais surtout éviter ce moyen banal du *serinage*, et lire, avec mes propres forces, ce que l'auteur a mis sur cette page.

— Apprends, alors.

— Quand saurai-je ?

— Dans dix ans, dans cinq peut-être, si tu travailles sérieusement et si tu as du temps de reste.

Là est réellement l'écueil : la musique usuelle est trop savante pour ceux qui n'ont pas l'intention de s'y livrer exclusivement, et la méthode Galin-Paris-Chevé n'a eu d'autre but que de venir en aide aux classes laborieuses, en mettant entre leurs mains le moyen de lire la musique sans passer dix années, ni même cinq ans à l'étudier...

Je m'aperçois, mon cher Paul, que je viens de faire un résumé du premier cours de La Feuillaye, absolument comme M. Jourdain faisait de la prose : sans m'en douter !

Ce que j'ai rapporté ici n'est qu'une contrefaçon bien incomplète de la conférence de Marcel. Il sut développer son thème d'une façon tellement satisfaisante que tout le monde se promit de revenir.

Tout le monde revint en effet.

XI

Les choses se passèrent à peu près de la même façon aux Deux-Moulins.

La presque totalité des ouvriers se rendit à l'invitation de M. Richer; comme chez-moi, quelques-uns hésitèrent, et le reste brilla... par son absence. C'était inévitable !

Où il y a trois hommes rassemblés, dit un proverbe oriental, il y a trois idées; ne trouves-tu pas qu'il n'est nullement besoin d'aller en Orient pour faire l'application de ce proverbe, et que, dans notre Occident, si policé, si grandement civilisé et si vaniteux de tous ces avantages, cette vérité a également sa raison d'être.

Le professeur que mon ami avait choisi était un

homme de quarante ans environ et rompu, depuis longtemps, à toutes les difficultés du solfége, qu'il avait appris comme enfant de troupe dans un régiment de ligne.

D'une nature extrêmement vive, il ne comprenait pas que l'élève pût ne pas saisir du premier coup les démonstrations qui avaient rapport à son art favori.

C'était un tort.

Il était non-seulement directeur d'un Orphéon dans une ville voisine, mais encore professeur d'une musique instrumentale; tous les instruments dits « *à vent* » lui étaient familiers, et, si les élèves n'eussent été si rares, M. Benoist eût pu, non faire sa fortune — la Fortune n'aime pas les professeurs de musique, — mais passer une existence heureuse, exempte de soucis matériels, et couler ses jours dans cette *aurea mediocritas*, dont parle Horace dans ses œuvres immortelles.

Malheureusement les élèves étaient rares ! Aussi quand Richer le demanda pour diriger le cours qu'il allait fonder, M. Benoist accepta-t-il avec empressement; mais lorsqu'il apprit l'introduction de la méthode Galin-Paris-Chevé à La Feuillaye sa satisfaction se changea-t-elle en un visible désappointement. Il se contenta bien de sourire en faisant un léger mouvement d'épaules, mais la nuance qui perçait à travers ce rire exprimait un mécontentement des plus significatifs.

En voici la raison.

Quelques années auparavant, M. Benoist habitait Paris; ayant entendu parler des succès de la méthode nouvelle, il résolut de voir par lui-même ce qu'était ce système qui osait entrer en lice avec *la portée*.

Un soir, il assista à un cours que faisait alors, dans le grand amphithéâtre de l'École de médecine, M. Émile Chevé, et il revint de ce cours tout à fait désappointé; il n'en put dormir de la nuit.

La parole persuasive du maître avait produit son effet habituel; sa démonstration si claire, ses comparaisons heureuses et son élocution si facile, tout cela se présentait tour à tour à la pensée de M. Benoist et lui faisait apercevoir dans un lointain, qu'on pouvait mesurer, le triomphe de l'école rivale.

Seulement, il arriva ce qui arrive toujours en pareil cas : le professeur de musique usuelle s'attacha, se cramponna à son système comme le naufragé se cramponne à la planche, à l'épave qui le soutient au-dessus des flots; il jura de mourir sur son unique appui plutôt que d'aller demander du secours au vaisseau ennemi, et depuis lors M. Benoist, tout en reconnaissant, comme tant d'autres de ses confrères, le mérite incontestable de la méthode en chiffres, lui jura une haine profonde et lui fit une guerre acharnée.

— Vous aurez fort à faire, lui dit Richer; Marcel paraît connaître parfaitement son mode d'enseignement; je vous avoue même qu'il a ébranlé quelque

peu ma confiance dans le succès du cours que je vous
confie. — Comme je veux en avoir le dernier mot, je
préfère, dès en commençant, vous mettre au courant
de la situation.

— Soyez sans inquiétude, répondit M. Benoist,
avant trois mois, les chevistes seront sur les dents,
et votre M. Marcel...

— Dans la poussière ?

— C'est le mot.

— Je ne demande pas mieux ; mais prenez garde,
ces gens-là sont le courage incarné ; ils prennent la
chose de très-haut, et dame !.... l'homme convaincu
ne connaît pas d'obstacles.

L'hiver s'écoula au milieu de ces études du soir.
Les élèves de Marcel, loin d'être sur les dents, de-
mandèrent un deuxième cours pour le jeudi ; l'excellent instituteur s'empressa de se rendre à cette in-
jonction amicale.

En apprenant cette nouvelle, M. Benoist demanda
à ses élèves également une deuxième soirée par
semaine, et tous s'empressèrent de refuser.

Si ce deuxième cours n'a pas lieu, leur dit le professeur nous sommes perdus ; la musique en *Numéros*
l'emporte, et je n'ai plus qu'à me retirer.

Quelques-uns promirent, et, l'amour-propre s'en
mêlant, tous revinrent à la deuxième séance annoncée.

A la Feuillaye, comme aux Deux-Moulins, les
chances restaient donc les mêmes.

Le Carnaval venait de finir, le *premier Cours* touchait

à sa fin, et Marcel ne cessait à chaque occasion, de m'entretenir des bons résultats obtenus.

Un soir, la leçon venait de commencer, lorsque le vieux curé nous surprit au milieu de nos exercices. La leçon continua en sa présence, et au moment de sortir, il me témoigna son profond étonnement, autant pour les progrès rapides constatés, que pour la bonne tenue des élèves.

— J'étais, jeudi dernier, à la soirée de M. Richer, me dit l'abbé qui l'accompagnait, et je puis vous donner l'assurance que vos élèves sont de beaucoup les plus forts.

— Vous croyez? repris-je avec joie?

— J'en suis sûr.

— C'est aussi mon avis, reprit le pasteur.

— Maintenant, continua l'abbé, voulez-vous me laisser vous rappeler votre promesse; la fête de Pâques est proche ; et notre pauvre Église n'aura jamais eu pareil honneur.

— Puisque vous êtes au milieu de nous, faites l'invitation vous-même.

— Vous avez raison.

L'abbé adressa à l'auditoire quelques paroles qui semblèrent lui causer un plaisir extrême.

Il s'annonça comme un ancien disciple de la méthode, dit qu'il la connaissait et lui portait le plus grand intérêt ; puis, il les félicita ensuite sur l'exactitude qu'ils avaient mise à se rendre à ces cours, essentiellement moraux, et que, dans chaque commune, les hommes vraiment éclairés devraient prendre à tâche de créer. — Je suis donc votre collègue, ajouta-t-il, votre École musicale est la mienne; et, à ce titre, je viens réclamer de vous un service; voulez-vous chanter avec moi une grand'messe en musique le jour de Pâques?

Cette proposition, mon cher Paul, fut accueillie avec un enthousiasme indescriptible.

J'en ressentis une surprise très-grande. — Non que je doutasse un instant de l'acceptation, mais je ne m'attendais pas à cette explosion de « *Oui* » et de « *bravos!* » dont j'eus bientôt le sens réel.

— Cela vous sourit donc bien de chanter cette messe, dis-je à l'un des plus enragés adhérents.

— Parbleu, me répondit-il, les Richistes en mourront de dépit... et à nous l'honneur!

— Le jeune prêtre partit tout joyeux en me promettant de m'apporter le lendemain les différentes parties de cette messe, afin de la mettre aussitôt à l'étude.

— Braves cœurs, répétait-t-il en me serrant la main; quel feu, quelle foi profonde!...

Je n'eus pas la force de lui dire que ce qu'il prenait pour la foi était simplement le cri de l'amour-propre exalté. — Après tout, le savais-je moi-même?... Qui sondera jamais les abîmes du cœur humain!

La fête arriva, le messe fut chantée, et le succès complet.

Si je te disais, à toi, dillettante, habitué du Théâtre-

Italien et de l'Opéra, que le *Kyrie* et l'*O Salutaris* furent chantés d'une façon irréprochable, je te tromperais ; la perfection ne s'acquiert pas dans un jour, cependant j'ai hâte de t'assurer que mes choristes s'acquittèrent de leur tâche d'une manière vraiment remarquable.

Après l'office, je rencontrai Richer.

— Mon cher, s'écria-t-il en m'apercevant, je vous envie.

— Flatteur !

— Non, parole d'honneur, mon cours n'aurait pu mettre, en si peu de temps, une messe d'Elwart sur ses pieds... Mais, attendez, je ne m'avoue pas encore vaincu.

Ce que Marcel vient de faire est un tour de force, certainement ; mais la force ne prouve pas toujours le droit.

J'ai reçu ce matin une circulaire du Havre ; il y a, dans trois mois, un concours musical dans cette ville, qui s'annonce comme des plus sérieux. C'est là où je vous attends.

— J'irai.

— Très-bien ; mais qu'entre nous la lutte soit égale : pour le nombre, il n'y a rien à dire ; nous avons commencé les cours ensemble, il faut donc que nous concourrions ensemble ?

— Je souscris d'avance à toutes vos conditions.

— Nous nous ferons inscrire dans la même division ?

— Dans la même section, si vous y tenez?

— J'y tiens.

— Soit.

— Et de plus, en *lecture*, car je reconnais plus que jamais, avec vous, que la lecture musicale est le *criterium* infaillible des progrès d'une société chorale.

— J'allais vous demander cette *lecture*.

— Dites à Marcel que je l'admire... mais que je lui garde rancune...

— Je l'en préviendrai.

— Et qu'un jour ou l'autre je l'attends à dîner, avec vous, pour lui chercher querelle.

— L'invitation sera faite.

Dans la soirée, une collation fut offerte au presby-tère à tous les chanteurs.

Le succès grise comme la poudre, et ma société avait eu un si grand succès que la plupart de ses membres étaient... un peu gris! Te dire sa joie serait chose impossible.

— Denis, — chrétien fervent ce jour là, par ex-traordinaire, — avait entendu tous les morceaux chantés ; il me rejoignit le soir au moment où chacun allait se séparer.

— Patron, me dit-il, je vous adresse mes excuses; j'ai agi comme un goujat.

— Oh! oh! Denis ..

— Je sais ce que je dis, Monsieur; seulement à toute faute miséricorde. Si vous voulez bien me le permettre, dès demain, je ferai partie du cours. Je ne sais trop, à vrai dire, si je lui serai bien utile, car j'ai la voix la plus fausse du canton ; mais je ferai ce que je pourrai... Ah ! si vous aviez ici des instruments, un trombonne, par exemple !

— Et si j'en avais un ?

— Eh bien ! pour moi, j'aimerais mieux cela que le chant, et la Feuillaye aurait, non-seulement son orphéon, mais encore sa fanfare.

— Denis, dans un mois, la Feuillaye aura sa fanfare.

— Vrai, Monsieur?...

— Très-vrai, Denis.

Le pauvre garçon ne savait plus où il en était ; les incidents se succédaient avec une telle rapidité qu'il croyait rêver.

Le lendemain j'écrivis à la maison Sax pour acheter des instruments ; un mois plus tard, chaque orphéoniste était doublé d'un instrumentiste.

Mathieu, qui voyait chaque jour sa clientèle diminuer, commençait à se gratter l'oreille...

XII

Le concours du Havre eut lieu effectivement dans le courant de l'été.

Plusieurs semaines à l'avance, Marcel en informa ses élèves qui accueillirent favorablement cette nouvelle, surtout lorsqu'ils apprirent qu'ils allaient se mesurer avec l'orphéon de M. Richer.

Jamais je ne vis émulation si grande ; chaque soir, l'écho de la vallée m'apportait ou une vocalise ou un trio de *pas redoublé;* la mélomanie commençait à prendre des proportions inaccoutumées dans le pays.

Marcel et moi, nous allâmes dîner chez le maître des Deux-Moulins pour nous entendre au sujet de ce concours.

M. Benoist était un des convives, et j'eus le plaisir de constater que nos divergences d'opinion, au sujet des méthodes, n'entamaient en rien la cordialité de nos relations.

Chacun se promit de redoubler d'efforts pour faire triompher sa cause le jour de l'épreuve décisive, et, tous ensemble, la veille du concours, nous partîmes pour le Havre.

De quels termes me servirai-je, mon vieil ami, pour te donner une idée à peu près exacte du bonheur qu'éprouva ma chère société en entendant, le soir de ce jour mémorable, le président du jury lui décerner le premier prix en *exécution* et en *lecture?*

Cette fois, je te l'avoue sincèrement, en pressant dans ma main ces deux médailles de vermeil que me rapportait Marcel, en entendant surtout soixante hommes m'appeler leur bienfaiteur et leur ami, je ne pus maîtriser mon émotion ; moi aussi j'étais heureux de leur triomphe, et, en ce moment, je me trouvai grandement récompensé de ma peine. Je me détournai bien vite pour essuyer une larme qui poussait le sans-gêne jusqu'à se tracer paisiblement un sillon sur ma joue.

Cette victoire dessilla enfin les yeux de mon pauvre ami Richer, qui me rejoignit bientôt.

— Eh bien! mon cher, s'écria-t-il en paraphrasant cette parole célèbre d'un capitaine de l'antiquité :

« *Je suis venu, j'ai vu, et… c'est toi qui as vaincu!* »

Heureux mortel, cette fois, vous triomphez! Ah ! je suis battu, et très-battu, moi et ma société ; moi, vis-à-vis de vous et de Marcel, et mes ouvriers vis-à-vis des vôtres… Vraiment, votre professeur doit bien rire de nous!… Quoi qu'il en soit, dès aujourd'hui, je mords à sa méthode. Benoist, qui enrage, m'a donné sa démission. Le cher homme a fait ce qu'il a pu, je ne lui en veux pas de son échec, il a mis au service de sa cause tout son dévouement; mais, voisin, vous aviez raison : j'ai suivi aujourd'hui attentivement les phases de ce concours, et j'ai remarqué qu'en haut comme en bas, le chiffre est resté le maître pour la *lecture*… le chiffre est roi! vive le chiffre !|

J'ai perdu la partie, je la recommencerai, cher ami, à bientôt ma revanche.

Marcel, entouré de tous ses élèves qui ne parlaient rien moins que de le porter en triomphe, arriva près de nous :

— Bravo ! mon cher instituteur, poursuivit Richer en lui serrant cordialement la main, vous êtes le vainqueur, et, dès cet instant, je dépose entre vos mains l'acte de ma conversion à la méthode Galin-Paris-Chevé.

Cet excellent Marcel était heureux au delà de toute expression. Ceux de nos lecteurs qui ont appartenu à une société victorieuse dans un concours pourront seuls s'en faire une idée.

Notre rentrée à la Feuillaye eut lieu le lendemain dans la soirée.

La population tout entière s'était portée sur la route à notre rencontre, et notre arrivée fut saluée par les vivats les plus chaleureux ; notre succès, télégraphié dès la veille, était devenu un petit triomphe national.

Richer, à la réunion du lendemain, essaya de consoler ses ouvriers.

— Nous demandons la méthode en chiffre, lui dit un de ses orphéonistes.

— J'allais vous la proposer.

— Et Marcel pour professeur?

— Il vient de me promettre de vous l'enseigner.

Cette proposition fut acceptée avec une véritable satisfaction ; un nouveau cours fut ouvert aux Deux-Moulins quelques jours après.

Aujourd'hui, mon cher ami, mon but est atteint; l'orphéon de la Feuillaye, sous la conduite de son chef, fait des progrès remarquables ; à chaque fête, la fanfare se fait entendre, et la commune tout entière applaudit à son succès.

Le chômage du lundi est tombé en désuétude, il est allé où vont les vieilles lunes, puisse-t-il ne revenir jamais! Nos bons ouvriers vivent mieux ; leur mise est plus soignée, les moins chargés de famille placent quelques fonds.

Et tout cela, grâce à la musique, grâce surtout à cette méthode vraiment populaire qui, en quelques

mois, a su faire de tous ces hommes ou des chanteurs ou des instrumentistes.

Quand donc, ajouterai-je en terminant cette longue correspondance, disparaîtront ces rivalités d'é-
cole qui sont impuissantes à détruire une œuvre,
mais l'entravent dans son élan progressif; quand
donc l'orgueil humain s'effacera-t-il devant l'intérêt
général; quand donc les grands prêtres de la musique usuelle comprendront-ils que la persécution ne
sert à rien, si ce n'est à donner des adeptes au système persécuté!

Que la liberté luise pour tous; que les concours
deviennent, comme quelques-uns déjà l'ont été, des
arènes où chacun soit libre de combattre, à armes
égales, mais sous la bannière qui lui plaît, et l'essor
donné ne s'arrêtera plus; les mœurs y gagneront, la
société y trouvera des garanties, nous serons en progrès!

Le progrès est la loi du monde; il vient de Dieu
et nous rapproche de Dieu! . . . .

. . . .

Tu vois donc bien, mon cher Paul, que j'avais
raison de te dire en commençant ma première
lettre : « Lorsque tu arriveras à la Feuillaye, les
« *chœurs* et les cœurs surtout ne te feront pas dé-
« faut. »

Voici le temps béni des moissons : les blés tom-
bent sous la faucille; le village ressemble à une ruche
d'abeilles tant l'animation est grande. C'est diman-

che la fête du pays ; il y aura concert champêtre, bal, feu d'artifice, que sais-je...

Hélène a promis de faire la quête pour les pauvres ; tu l'accompagneras, n'est-ce pas?... Nous t'attendons.

A bientôt.

BIBLIOTHÈQUE NATIONALE R.F. IMPRIMÉS.

FIN

TABLE DES MATIÈRES

FIN DE LA TABLE

F. Aureau. — Imp. de Lagny.

LIBRAIRIE DE L'ÉCHO DE LA SORBONNE

PARIS, 7, RUE GUÉNÉGAUD

BIBLIOTHÈQUE DE L'*ÉCHO DE LA SORBONNE*

HISTOIRE DES BEAUX-ARTS : L'ART ANTIQUE (architecture, sculpture, peinture, art domestique), par M. *René Ménard*, avec un appendice sur la Musique chez les Anciens, par M. *G. Bertrand* (2me édition). 1 vol. in-16, de 308 pages. Ouvrage admis par la Commission des Bibliothèques scolaires, et médaillé par la Société pour l'instruction élémentaire. *Broché* : 2 fr. avec cartonnage en toile pleine, très-élégant et très-solide, 3 fr.

GÉOGRAPHIE UNIVERSELLE : LA FRANCE (*depuis le traité de Francfort, 10 mai 1871*), géographie physique, politique, agricole, industrielle et commerciale de la France et de ses colonies, par M. *Ch. Périgot*, professeur au lycée Saint-Louis et à l'École supérieure de commerce (deuxième édition), 340 pages, 12 grandes cartes gravées sur pierre, tirées en lithographie et coloriées. Prix : 3 fr.

L'EUROPE (*depuis le traité de Francfort, 19 mai 1871*), géographie physique, politique, etc., de l'Europe et des États qui la composent, par M. *C. Raffy*, auteur des Lectures géographiques. Ouvrage admis par la Commission des Bibliothèques scolaires, 348 pages, 40 petites cartes. *Prix* : 2 fr.

NOTIONS DE BOTANIQUE, par M. *C. de Moutmahou*, inspecteur de l'enseignement primaire. 176 pages, 49 fig. Médaille de la Société pour l'instruction élémentaire, *Broché* : 1 fr. 50 ; avec cartonnage de luxe : 2 fr. 50.

GÉOMÉTRIE PLANE, cours professé à l'Association libre de la Sorbonne, pour l'enseignement secondaire des jeunes filles, par M. *Salicis*, répétiteur à l'École polytechnique, 404 pages, 201 fig. *Prix* : 2 fr. 50. (Une édition de cet ouvrage est en vente au même prix, à l'usage des élèves de troisième, enseignement secondaire classique, et des élèves de première année, enseignement secondaire spécial.)

LA PHYSIQUE ET SES APPLICATIONS : PESANTEUR (Notions de mécanique, chute des corps, centre de gravité, pendule, balance, équilibre des liquides, principe d'Archimède, aréomètres, baromètres, machine pneumatique, pompes, gravitation universelle), par M. *Pierre Bos*, professeur au lycée de Dijon. 490 pages, 161 vignettes. *Prix* : 2 fr. 50.

COURS DE MUSIQUE, THÉORIQUE ET PRATIQUE : PRINCIPES ÉLÉMENTAIRES, par M. *P. Bos*, élève d'Émile Chevé. 416 p. *Broché* : 2 fr. 50 ; avec cartonnage de luxe, 3 fr. 50.

HISTOIRE MODERNE : CONSTITUTION DE L'EUROPE MODERNE (1453-1598), par M. *Jules Pinard*, professeur d'histoire au lycée Condorcet. 468 pages. *Prix* : 2 fr. 50.

COURS DE LANGUE FRANÇAISE : HISTOIRE DE LA GRAMMAIRE, ORIGINE ET PERMUTATION DES LETTRES, FORMATION DES MOTS, PRÉFIXES ET SUFFIXES, par M. *H. Cocheris*, conservateur à la bibliothèque Mazarine, membre de la Société nationale des Antiquaires, etc., etc. 396 pages. *Prix* : 2 fr. 50.

ORIGINE ET FORMATION DE LA LANGUE FRANÇAISE. Même auteur. 160 p. *Prix* : 1 fr. 50.

COURS DE STÉNOGRAPHIE, à l'usage des élèves des lycées, collèges, pensionnats de jeunes garçons ou de jeunes filles, ainsi que de toutes les personnes qui, aux cours, conférences, réunions publiques, etc., veulent suivre la parole des orateurs, par M. *L. P. Guénin*, sténographe du Conseil général de Seine-et-Oise, 120 p. *Prix* : 1 fr. 25.

PETIT TRAITÉ DE POÉSIE FRANÇAISE, par M. *Th. de Banville*, 248 p. *Prix* : 2 fr.

MÉTHODE DE LECTURE A HAUTE VOIX ET DE RÉCITATION, à l'usage des gens du monde et des maisons d'éducation, par M. *Léon Ricquier*, régisseur général au théâtre du Vaudeville, professeur de grammaire et de déclamation. 96 p. *Prix* : 1 fr. Édition spéciale pour les écoles primaires : *Prix* avec le cartonnage classique : 75 c.

L'ÉCHO DE LA SORBONNE

COURS COMPLET D'ENSEIGNEMENT SECONDAIRE EN TROIS ANNÉES. *Cours de première année*, 4 forts volumes à deux colonnes, 1,200 pages, 289 fig. Prix de chaque volume : 5 fr. — *Cours de seconde année*, 4 volumes, même format, même prix. — *Cours de troisième année*, 2 volumes, même format, même prix. (Le troisième paraîtra en août et le quatrième et dernier en novembre 1872).

Envoi franco contre mandats ou même timbres-poste.